Emil Riedel

Schuldrama und Theater

Ein Beitrag zur Theatergeschichte

Emil Riedel

Schuldrama und Theater
Ein Beitrag zur Theatergeschichte

ISBN/EAN: 9783743635234

Hergestellt in Europa, USA, Kanada, Australien, Japan

Cover: Foto ©Thomas Meinert / pixelio.de

Weitere Bücher finden Sie auf **www.hansebooks.com**

Schuldrama und Theater.

Ein Beitrag zur Theatergeschichte

von

Emil Riedel.

---—•※•—---

Hamburg und Leipzig,
Verlag von Leopold Voß.
1885.

Schuldrama und Theater.

Ein Beitrag zur Theatergeschichte

von

Emil Riedel.

Hamburg und Leipzig.

Verlag von Leopold Voß.

1885.

Vorwort.

Die vorliegende Arbeit beschäftigt sich mit dem Ursprung des mittelalterlichen Dramas in Deutschland und den noch wenig erforschten einflußreichen Beziehungen der ehemaligen Schuldarstellungen zum modernen Theater. Daß die hamburgischen Verhältnisse hierin eingehender behandelt sind, erklärt sich einerseits aus dem Ursprung der Arbeit — dieselbe ist hervorgegangen aus einem Vortrage, gehalten im Verein für Hamburgische Geschichte am 25. Februar 1884[1] —, hat aber auch anderseits eine gewisse Berechtigung, weil die Schuldarstellungen in Hamburg die Anfänge des Schauspiels in einer der ältesten und bedeutendsten Pflegestätten des Dramas in Deutschland bilden.

Eine erschöpfende Abhandlung dieses Themas darf auf den wenigen Seiten nicht gesucht werden, wohl aber ein neuer, ergänzender Beitrag zur Theatergeschichte, größtenteils aus bisher noch unbenutzten Quellen in Akten, Programmen und andern Schriften entnommen.

---

[1] In vorliegender Fassung zuerst abgedruckt in: Aus Hamburgs Vergangenheit. Kulturhistorische Bilder aus verschiedenen Jahrhunderten. Herausgegeben von Karl Koppmann. Hamburg und Leipzig. Leopold Voß. 1885.

Dem Verein für Hamburgische Geschichte und dem Verein für niederdeutsche Sprachforschung verdanke ich die Anregung zu den lokalgeschichtlichen Studien. Besonders haben mich bei dieser Arbeit die Herren Dr. Koppmann, Dr. Mielck, Dr. Schrader, Dr. Walther und Siegeler gefördert, denen ich dafür meinen verbindlichsten Dank ausdrücke.

Hamburg, im November 1884.

Emil Riedel.

> „Wenn mir einmahl GOtt die Gelegenheit
> gönnen wolte, daß ich von dieser Klugheit
> im reden, was ex professo schreiben könte,
> so würde meine meiste Reflexion auff der-
> gleichen Theatralische Gespräche gehen
> müssen."
>
> Christian Weise in der Vorrede zu
> „Neue Proben von der vertrauten
> Redens-Kunst." 1700.

Der Urkeim des christlichen Schauspieles wurde verschiedentlich, wie beim klassischen Drama, im Gottesdienste gesucht. Aus den dramatischen Formen des Gottesdienstes sollen sich die geistlichen Mysterienspiele entwickelt haben, welche in Kirchen und Klöstern von den Priestern dargestellt, gewissermaßen als ein integrierender Teil der praktischen Theologie betrachtet wurden. Dieser mysteriösen Abstammung des mittelalterlichen Dramas widersprechen aber die frühzeitigen Angriffe und Verfolgungen des gesamten Schauspielwesens durch die Kirchenväter. Auch die ursprüngliche Anwendung der lateinischen Sprache in den ältesten christlichen Schauspielen weist vielmehr auf den Zweck einer gelehrten, als auf den einer volkstümlichen, religiösen Bildung der Zuhörer hin.

Neben den geistlichen Mysterienspielen sollen sich im fünfzehnten Jahrhundert in Deutschland aus den Fastnachtscherzen die weltlichen, volkstümlichen, dramatischen Fastnachtspiele der Bürger und Bauern und — angeregt von den klassischen Studien — die gelehrten Schulkomödien entwickelt haben. Im siebzehnten Jahrhundert sollen sich dann nach englischem Muster die wandernden Berufsschauspieler in Deutschland gebildet haben, welche die gelehrten und die volkstümlichen Schauspiele zu sogenannten Haupt- und Staatsaktionen verarbeiteten und gewerbsmäßig aufführten.

Nach dieser Abstammungstheorie richten die Litterarhistoriker gewöhnlich ihre Forschungen ein. Bis zum siebzehnten Jahrhundert wird besonders dem volkstümlichen Elemente der Fastnachtsspiele nachgespürt, während eine wichtige Erscheinung in der Entwickelung der dramatischen Darstellungskunst, deren eingehendes Studium vielleicht dazu geeignet wäre, das Dunkel der Vorgeschichte vollständig aufzuklären, unterschätzt, ja, beinahe ganz beiseite gelassen wird. Ich meine die Schuldarstellungen.

Auch in Hamburg sind die Schulaufführungen seltsamer Weise noch keiner eingehenden Betrachtung gewürdigt worden, obgleich auch hier die ersten dramatischen Lebensregungen mit den einfachen Schulkomödien beginnen. Leider sind aber durch Unkenntnis und Unterschätzung der theatralischen Bedeutung dieser „Schulspiele", die betreffenden Akten, Programme und Stücke größtenteils verloren gegangen.

Schütze konnte für seine „Hamburgische Theater-Geschichte" (Hamburg 1794) noch über ein reichhaltiges Material verfügen. Leider verkannte er, ebenso wie Gottsched, das Schulspielwesen, weshalb er die hier vorhandenen Schulkomödien nur sehr beiläufig und verächtlich erwähnt. „Wir übergehn (sagt Schütze, H. Th.-G. S. 23) eine Menge lateinischer und deutscher Tragi- und Komödien, und geistlich-weltlicher, zum Theil im Geschmacke der Jesuiter-Schulstücke geschriebener Dramen, die von Hamburgern derzeit im Druck erschienen, da sie in der Hamburgischen Theaterliteratur keine Auszeichnung verdienen." Hätte Schütze das Wesen und die Bedeutung der Schulkomödien näher erforscht, so würde er sich auch nicht (S. 22) darüber verwundert haben, „daß schon damals (im 17. Jahrhundert) Männer aus dem geistlichen Stande in Hamburgs Gebiete sich mit Verfertigung von Schauspielen befaßten, und daß von jeher das Schauspiel unter der Geistlichkeit, auch in Hamburg, seine eifrigsten Beförderer und Verfechter, wie seine heftigsten Unterdrücker und Bestreiter gefunden hat."

Die übliche Vernachlässigung der dramatischen Schulübungen ist schuld daran, daß uns aus dem Mittelalter, von den beiden ältesten Lehranstalten [1] in Hamburg, der Domschule und der Nikolaischule keine Berichte über Schuldarstellungen erhalten sind. Erst nach der Einführung der Reformation sind in den ersten Schulgesetzen und Lehrordnungen der Johannisschule auch einige Bestimmungen über dergleichen Aufführungen enthalten. Aus dem siebzehnten Jahrhundert zeugen einige gedruckte Schulkomödien von der ferneren Pflege dieser Spiele und aus der folgenden Zeit beweisen Aktenstücke, Programme, Kritiken, gedruckte und ungedruckte Darstellungen, mit welchem Eifer und mit welchen Absichten die Schulspiele in Hamburg fortgeführt wurden. Während des vorigen Jahrhunderts aber waren die Schuldarstellungen hier geradezu in

---

[1] Die Domschule war bekanntlich die älteste Lehranstalt Hamburgs. Von Ansgar, dem ersten Erzbischof Hamburgs, gestiftet, teilte sie wie die Bedeutung, so die Geschicke der Domkirche, welche von Kaiser Ludwig dem Frommen zur Mutterkirche des Nordens bestimmt war. Bis zum dreizehnten Jahrhundert die einzige öffentliche Lehranstalt, erhielt sie sich nach der Reformation in verkümmerten Verhältnissen bis zum Anfange des neunzehnten Jahrhunderts. Im Jahre 1281 richteten die Einwohner des Nikolaikirchspiels im Gegensatz zu der alten eine eigne Schule ein, die durch gegenseitiges Übereinkommen gewissermaßen zur Vorschule bestimmt wurde und in völliger Umgestaltung als Nikolai-Kirchenschule noch heutigen Tages existiert.

Mode und von den Dichtern, Komponisten, Leitern und Darstellern derselben sind später mehrere in mannigfache Beziehungen zu dem Theater der Berufsschauspieler getreten und haben auf die Ausbildung des theatralischen Geschmackes und der dramatischen Schaulust in Hamburg einen mehr oder minder bedeutenden Einfluß ausgeübt.

Die Schulkomödien und das Schuldarstellungswesen stehen in so engen Beziehungen zur Entwickelung unsres Theaters, daß eine eingehende Erforschung desselben auch im allgemeinen ein bringendes Erfordernis ist. Die Schulen waren Jahrhunderte lang durch ihre öffentlichen und regelmäßigen dramatischen Darstellungen die bedeutendsten Pflegestätten des Dramas. Die Schulaufführungen haben nachweislich in vielen Orten, besonders in Norddeutschland, die dramatische Schaulust zuerst angeregt und ausgebildet. Sie waren die Ursache, weshalb sich so viele bedeutende Pädagogen und Theologen mit der dramatischen Dichtkunst beschäftigten und daß gewöhnlich die Schul-Buchdrucker und Buchhändler den Druck und Verlag dieser dramatischen Erzeugnisse übernahmen. Aus den Schulaufführungen hat sich, kurz gefaßt, das gesamte deutsche Theaterwesen entwickelt.

Die Leiter der Bürger- und Bauernspiele waren gewöhnlich ebenfalls die Schulmeister. Die Darsteller derselben hatten in den Schulspielen die erste Anregung erhalten. Auch die ersten deutschen Berufsschauspieler waren Studenten, ihre Führer teilweise Schulmeister, ihre Stücke Schulkomödien. Die ganze Darstellungsweise der alten deutschen Wanderkomödianten glich derjenigen in den Schulspielen. Die ersten Theaterzettel waren den Schulspielprogrammen nachgebildet. Viele Gebräuche des Schulspielwesens wurden von den deutschen Wanderkomödianten beibehalten, wie z. B. die sogenannte „Ratskomödie", wegen der damit verbundenen „Ratsprämie". Die ehemaligen Komödiantensteuern und Armenabgaben waren teilweise ein städtischer Schutzzoll für die heimischen Schulspiele. Auch die Theaterzensur ist aus den Schuldarstellungen hervorgegangen.

Nicht nur das Schauspiel, sondern auch das Opernwesen hat sich aus den Schulspielen entwickelt. Das deutsche Opernwesen ist aus der Kantorei und dem Singchor der Schulen, dem Chorus symphoniacus, entstanden. Die Chorschüler waren die ersten Opernsänger. Aus der kurfürstlich sächsischen Kantorei wurde die Dresdener Hofoper gebildet. In Lüneburg gründete der Kantor des dortigen Johanneums, Michael Jakobi, mit dem Singchor das erste Opernunternehmen. Die ersten Mitglieder der Hamburger Oper bestanden größtenteils aus musikalischen, stimmbegabten Studenten und Chorschülern. Magister Christophorus Rauch, Komiker der Hamburger Oper, in seiner „Theatrophania" von 1682 und der Pastor Elmenhorst, Librettodichter für die Hamburger Oper, in der „Dramatologia" von 1688 bestätigen dies, um dem opernfeindlichen Pastor Reiser den Zusammenhang der Singspiele mit den gebilligten Schulspielen entgegenzuhalten. Rauch sagt (a. a. O. S. 27 u. 28), daß die Mitglieder der Oper „alle Musici" seien, „etliche machen profession von der Music, etliche von Studiis, daß einer oder der ander sich in Hamburg eine zeitlang aufhält, ist eben nicht die Noth, sein Brodt in den Opern zu suchen und also sein Leben darinnen zu verzehren, welches doch ohne verletzung des Gewissens und Gottes Ehre geschehen könte, sondern der principal Zweck ist vielmehr Occasione der Operen mit leichteren Unkosten, füglicher gelegenheit und zeit, entweder ein Profect in der Music zu setzen, oder per privatum studium zu einem Gradum ferner sich zu excoliren, wie man allbereit ein klares Exempel auffweisen und beybringen kann." In dem Gesuche der Operninteressenten an die Universitäten um Responsa im Jahre 1687 wurde, um den Nutzen der Oper zu beweisen, ebenfalls angeführt: „8.) Arme Studiosi verdienten sich etwas, um nachher noch einige Jahre sich auf Universitäten erhalten zu können." — Wie in den Schulspielen wurden auch in den alten Hamburger Opern die weiblichen Rollen durch junge Männer dargestellt. Die Mitwirkung der Singchorschüler bei der Oper wurde noch im vorigen Jahrhundert, besonders bei den Hoftheatern, in Anspruch genommen. Unter Friedrich dem Großen mußten in Berlin die Schüler des Gymnasiums auch den Chor im Opernhause ausführen und zwar die Hälfte in Frauenkleidern.

Die Entwickelungsgeschichte der dramatischen Schulbarstellungen in Deutschland beginnt in viel früheren Zeiten als man im allgemeinen annimmt. Der Anfang der Schulspiele wird gewöhnlich an das Ende des fünfzehnten Jahrhunderts gesetzt und mit der Wiederbelebung der klassischen Studien in Zusammenhang gebracht, aber verschiedene Nachrichten deuten schon auf einen weit älteren Gebrauch dramatischer Schulübungen hin.

Die Einführung der Schuldarstellungen scheint vielmehr unmittelbar nach der Aufnahme römischer Bildung und Gelehrsamkeit, deren Pflegestätte die Kloster- und Domschulen wurden, erfolgt zu sein. Wahrscheinlich haben sich dieselben aus einfachen dramatischen Leseübungen lateinischer Komödien entwickelt, welche später zu nachgeahmten Gesprächs- und Redeübungen und endlich zu vollständigen Schulkomödien erweitert wurden.

Der Zweck der Schuldarstellungen war ursprünglich ein rein pädagogischer: sie wurden zunächst als Hilfsmittel für den Unterricht in der lateinischen Sprache und in der Beredsamkeit angewendet, wie auch zur Ausbildung des Gedächtnisses. In den alten Kloster- und Domschulen wurde neben Lesen, Schreiben,

Rechnen, Religion und Musik, besonders der Unterricht in der lateinischen Sprache und in der Redekunst gepflegt. Die Beredsamkeit wurde damals um so höher geschätzt und um so eifriger geübt, weil sie als ein wichtiges Mittel zur Verbreitung der christlichen Kultur angesehen wurde. Zur schnellen und gründlichen Erlernung der lateinischen Sprache und Beredsamkeit suchte man nach verschiedenen Lehrmitteln. Durch das Lesen der alten Schriftsteller wurde man auch auf die römischen Dramatiker, besonders auf Terenz, aufmerksam und benutzte dieselben beim Sprachunterrichte. Die Schüler mußten die Komödien wahrscheinlich mit verteilten Rollen vorlesen, oder auch aus dem Gedächtnisse hersagen. Allein auf diese Weise läßt sich die Beschäftigung mit dem heidnischen Theater in den Schulen erklären, trotz den kirchenväterlichen Anfeindungen und trotzdem, daß es auch an gleichzeitigen frommen Gegnern solcher dramatischen Schulübungen gewiß nicht gefehlt haben wird.[1]

Durch die dramatischen Gesprächsübungen in den Schulen mußte aber auch die eigne Produktion angeregt werden, besonders da, wo unter Lehrern oder Schülern dichterische Talente vorhanden waren; so entstanden für den Lehrzweck dramatische Gesprächsspiele, in Nachahmungen der antiken Vorbilder. Im Kloster Gandersheim, wo sich im zehnten Jahrhundert auch die Nonnen mit dramatischen Leseübungen in lateinischer Sprache aus dem Terenz beschäftigten, wurde dadurch die fromme Hrotsvitha veranlaßt, christliche lateinische Gesprächsspiele abzufassen, um die Komödien des heidnischen Dichters zu verdrängen. Die sechs Stücke

---

[1] Der Angelsachse Alkuin, der Reformator des Schulwesens, Lehrer an der Hofschule Karls des Großen zu Aachen, warnt in einem Briefe den poetisch-begabten Angilbert, ehemaligen Zögling der Hofschule und späteren Vertrauten Karls des Großen, vor Schauspielen. (Vergleiche H. Th. Gaedertz, Das niederdeutsche Schauspiel. I. S. 6.)

der Hrotsvitha, die frühesten Erzeugnisse dramatischer Dichtkunst in Deutschland, sind aus kirchlich-pädagogischen Gründen gedichtete Lehrmittel zum Unterricht in der lateinischen Sprache. Auch als Vorübung zur Homiletik oder Keryktik, der geistlichen Beredsamkeit, mögen dramatische Redeübungen an einzelnen Schulen angewendet worden sein. Zu diesem Zwecke bot die dramatische Form einiger Bücher der Bibel — wie Judith, Esther und Tobias — zunächst geeignete Vorbilder, nach denen die Schüler dann andre Kapitel gesprächsweise ausarbeiten konnten. So entstanden die geistlichen Schauspiele.

Als Sprachlehrmittel wurden die dramatischen Redeübungen zunächst nur in dem Schulraum, vor dem Lehrer, rezitiert. Später jedoch, als mit den Schulaufführungen auch noch andre Zwecke verfolgt wurden, wurden dieselben öffentlich. Die Öffentlichkeit der Aufführungen mußte aber einen wesentlichen Einfluß auf Form und Inhalt ausüben. Das Interesse eines möglichst großen Publikums mußte berücksichtigt und angeregt werden; die einfache Rezitation der Schüler bildete sich dadurch allmählich zur theatralischen Darstellung aus.

Der beginnende Verfall des wissenschaftlichen Unterrichtswesens im elften Jahrhundert — namentlich in den Klöstern, welche bei dem wachsenden Reichtume der Üppigkeit verfielen — brachte verschiedene Schulspielereien in Aufnahme, welche zu mancherlei Ausschweifungen der Schüler führten und zweifellos auch auf die Schuldarstellungen einwirkten. Da sich die Priester und Mönche dem Wohlleben[1] hingaben und wohl selbst an den tollen Fast-

---

[1] Dem Hamburgischen Erzbischof Adalbert wurde vorgeworfen, daß er Schätze an Spielleute infamibus persouis et hypocritis, medicis et histrionibus et id genus aliis) vergeudet, aber auch nachgewiesen, daß er die Pantomimen, ihrer unanständigen Bewegungen halber, nicht an seinem Hofe geduldet habe

nachtsmummereien teilnahmen, so mußten sie auch den Schülern einige Freudenfeste gönnen; um so mehr, da sie dieselben verschiedentlich auch bei großen Festlichkeiten und Gastereien zur Tafelunterhaltung benutzten, und den Singchor dabei nicht nur mit Kirchenliedern, sondern auch mit Trinkliedern aufwarten ließen.

Als Schulfeste wurden im Mittelalter hauptsächlich die Namenstage der Schutzheiligen der Schulen und der Kinder, sowie auch des Heiligen, nach dem die betr. Schule benannt worden war, gefeiert; auch der Geburtstag oder Besuch eines Fürsten, Bischofes oder andern Schutzpatrons, die Einführung eines Lehrers und die gewöhnlichen weltlichen und kirchlichen Festtage gaben Gelegenheiten zu einer Schulfeier. Allgemeine Schulfesttage[1] waren

(Ceterum pantomimos, qui obscenis corporum motibus oblectare vulgus solent, a suo conspectu prorsus ejecit). — In den Gewohnheiten der Hamburgischen Kirche vom Jahre 1330 werden den Geistlichen Larven, Tänze und Mummereien besonders verboten.

[1] In Hamburg fanden im Mittelalter ebenfalls solche Schulfeste, mit allerhand Spielereien, feierlichen Umzügen, teilweise in Verkleidungen und zu Pferde, statt, welche stets durch einen gemeinschaftlichen Schmaus beschlossen wurden. Diese Schulfeste wurden später von beiden Schulen gemeinschaftlich begangen, besonders das Gregoriusfest und der Gedächtnistag des Bethlehemitischen Kindermordes. Der Mönch Engelbert Arnoldi, gestorben 1489, setzte in seinem Testamente ein Legat von hundert rheinischen Gulden aus, dessen Zinsen zu einem Schmause für die Chorschüler am Gregoriustage bestimmt wurden. Auch das Domkapitel mußte zu den Gastmählern beisteuern. Am Vorabend des Andreastages wurde ein Kinderabt, am Vorabend des Nikolaustages ein Kinderbischof (episcopus puerorum) erwählt. Dieser durfte an allen Sonn- und Festtagen in vollem Bischofsornate im Chor der Kirche erscheinen bis zum Tage des Bethlehemitischen Kindermordes. An diesem Tage schlossen die Festlichkeiten mit dem gemeinschaftlichen Schmaus im Refektorium ab. Die Erwählung des Kinderbischofs, der gewöhnlich einer der Kinderdomherrn war, gab den Schülern Gelegenheit zu deutschen und lateinischen Spottgedichten. Wenn der Kinderbischof zufälliger Weise während jener Zeit starb, so wurde er mit allen Ehren eines wirklichen Bischofs begraben. Gegen mancherlei Ausschreitungen bei diesen Schulfesten mußten wiederholt einschränkende Verordnungen erlassen werden.

der Namenstag des heiligen Gregorius, des Schutzpatrones der Schulen, am 12. März; ferner der St. Andreastag am 30. November; dann der Namenstag des St. Nikolaus (weil derselbe zugleich als Beschützer der Jugend und der Schulen verehrt wurde) am 6. Dezember; endlich der Gedächtnistag des Bethlehemitischen Kindermordes, am 28. Dezember. Nicht nur an diesen eignen Schulfesten, sondern auch an den allgemeinen Festtagen nahmen die Schulen Anteil, namentlich an den Fastnachtsscherzen, durch feierliche Umzüge, an die sich Spiel und Schmaus anschlossen. Früher oder später werden mit diesen Schulspielen auch theatralische Aufführungen, nach der Art der dramatischen Gesprächsübungen, verbunden worden sein. Dadurch wurde der Lehrzweck vernachlässigt und die Absicht, mit den Redeübungen zu unterhalten, brachte noch mehr fremde Elemente in dieselben hinein. In die lateinischen gelehrten Gesprächsspiele wurden später auch deutsche volkstümliche Auftritte, sogar die tollsten Fastnachtsscherze hineingemischt.

Noch größeren Einfluß, als die fortdauernde Vernachlässigung des streng wissenschaftlichen und religiösen Unterrichtes, übte im zwölften Jahrhundert der Aufschwung der Künste auf die Schuldarstellungen aus. Die Poesie fand in den Schulen den fruchtbarsten Boden und die größere Freiheit der Schüler wirkte bedeutend auf ihre Aufnahme daselbst. Die unbedeutendsten inneren und äußeren Ereignisse gaben den Lehrern und Schülern Veranlassung zu zahlreichen Gelegenheitsgedichten. Unbedingt hat die wachsende Unterhaltungssucht und der erhöhte Kunstsinn auch auf die Ausbildung und Verbreitung der Schuldarstellungen eingewirkt.[1]

---

[1] Der Scholastikus Gerhoh, welcher um 1119 bis 1124 an der Ulrichsschule zu Augsburg lehrte und sich später in einem Kloster asketischem Leben hingab, klagte sich daselbst reuevoll an, daß er damals der Jugend einen zu großen Spielraum zur Freiheit gelassen und ihnen auch zu häufig theatralische

Vom fünfzehnten Jahrhundert an wurde die theatralische Schau- und Spiellust von den Schulen in alle Gesellschaftskreise übertragen. Die bramatische Dichtkunst nahm in Deutschland einen bedeutenden und schnellen Aufschwung, angeregt durch italienischen und französischen Einfluß und nach dem Muster des antiken Theaters. Nicht nur die Geistlichkeit mit ihren Schülern, sondern auch die Fürsten, der Adel, Bürger und Bauern fingen an, sich mit dramatischen Spielereien zu beschäftigen. Es entstanden zahlreiche Vereinigungen zu regelmäßigen Darstellungen, namentlich in der Fastenzeit. In Süddeutschland beschäftigten sich besonders die Meistersängerzünfte mit dramatischen Fastnachtsspielen. In Lübeck begann im Jahre 1430 die ablige Zirkelgesellschaft ihre jährlichen Fastnachtskomödien, welche über hundert Jahre fortgeführt wurden.

Mit dem Ende des fünfzehnten Jahrhunderts beginnt die **Blütezeit der Schuldarstellungen**, hervorgerufen durch die stets wachsende Schauspielliebe, besonders aber durch die von Italien ausgehende Wiederaufnahme der Studien der griechischen und römischen Klassiker und durch die beginnenden kirchenreformatorischen Bewegungen. Das neu belebte Interesse an den Klassikern brachte die Darstellung der antiken Komödien wieder in größere Aufnahme und regte zu zahlreichen Nachahmungen derselben an. Reuchlin und Wimpheling dichteten um diese Zeit ihre lateinischen Schulkomödien und Nythart lieferte die erste deutsche Übersetzung einer Terenzischen Komödie, welcher alsbald eine vollständige deutsche Übersetzung dieses Dichters folgte.

Spiele gestattet hätte. — Im vierzehnten Jahrhundert werden besonders biblische Darstellungen erwähnt, welche jedenfalls die Geistlichen leiteten und von ihren Schülern aufführen ließen, z. B. in Berlin und Eisenach, in Schlesien und Böhmen.

Die reformatorischen Vorkämpfe brachten dagegen die geistlichen Schauspiele wieder in Anregung und gaben denselben zuweilen einen polemischen Charakter, wie in Schernberks Spiel von Frau Jutten. Hauptsächlich aber wurde nun die Darstellung der Leidensgeschichte Christi gepflegt.

Auch in Hamburg werden im fünfzehnten Jahrhundert Passionsspiele erwähnt, welche nach den Kämmereirechnungen[1] in den Jahren 1466 und 1480 stattfanden. Vermutlich sind dieselben von den Domschülern aufgeführt worden, da die Anregung zu diesen Schauspielen vom Domkapitel ausgegangen war.

Der Schauplatz war wohl die sogenannte Laube, im oberen Stockwerke des Rathauses, welches hier im Mittelalter auch häufig mit Theatrum bezeichnet wurde. Aus zwei erhaltenen Bekanntmachungen des Rates geht hervor, daß sich bei einer solchen Aufführung das Domkapitel an den Rat gewendet hatte, um Beiträge zu den Kosten für eine würdige Ausstattung zu erhalten. Nach einer Verständigung zwischen Rat und Kapitel sammelten Geistliche und Laien wiederholt freiwillige Beiträge in allen vier Kirchspielen ein, und vor der Aufführung stellten sich die verordneten Sammler in ihren betreffenden Kirchen auf, um von denen, die bisher noch nichts gegeben hatten, milde Beiträge entgegenzunehmen. Es scheinen jedesmal mehrere Wiederholungen des Passionsspieles stattgefunden zu haben. In einer jener Bekanntmachungen wird erwähnt, daß „dat libent Christi" am Montag und Dienstag der Karwoche und an einem Tage der vorhergehenden Woche, wohl am Sonnabend, aufgeführt werden sollte und zwar nach der Mahlzeit, mittags um 12 Uhr.

---

[1] Koppmann, Kämmereirechnungen der Stadt Hamburg. Bd. 3. S. XLIV. Vergleiche auch Lappenberg, Von den ältesten Schauspielen in Hamburg, in der Zeitschrift des Vereins für Hamburgische Geschichte. Bd. 1. S. 136 und 137. Diese Passionsspiele sind die ältesten Zeugnisse für die theatralische Schaulust in Hamburg.

Die Leiter dieser Aufführung werden „Regierer des Spieles" genannt. Die Kosten für die Passionsspiele müssen ziemlich bedeutend gewesen sein.

Im Jahre 1466 brachte der Rat durch Sammlung 36 Pfund 16 Schillinge und 6 Pfennige auf; ferner gab die Stadt einen Zuschuß von 85 Pfund 4 Schillinge und 6 Pfennige; außerdem zum Gewand des Heilands 2 Pfund 2 Schillinge und für Schneiderlohn 13 Schillinge; endlich noch für den Schmaus (ad convivium) der Darsteller 1 Pfund 12 Schillinge. Zu dem Passionsspiele vom Jahre 1480 zahlte die Stadt dem Maler Heinrich Funhoff für verschiedene Malereien 31 Pfund 8 Schillinge.

Die Kirchenreformation im sechzehnten Jahrhundert rief zugleich eine vollständige Umgestaltung des Schulwesens hervor und übte dadurch auch auf die Schuldarstellungen einen bedeutenden Einfluß aus. Luther empfahl den Städten die Gründung neuer Schulen und Verbesserung der alten. In dem Lehrplan erhielten, da die Beredsamkeit wieder für die religiöse Propaganda ausgebildet wurde und als eine treffliche Waffe gegen die Angriffe der Zwinglianer, Kalvinisten und Jesuiten geschätzt wurde, Dialektik und Rhetorik eine erhöhte Bedeutung. Die Reformatoren, durch eigne Anschauung und Mitwirkung, in ihrer Jugend mit den Schauspielen vertraut gemacht, erkannten und verteidigten die Unschädlichkeit der Schauspiele im Gegensatze zu den alten Kirchenvätern, und besonders die Nützlichkeit der Schuldarstellungen für den Sprachunterricht. Luther, ein großer Freund der Künste, selber Dichter und Komponist, wurde zum mächtigsten Schützer der neueren dramatischen Darstellungskunst, besonders als Schulübungen; er empfahl den Schulen Darstellungen, namentlich aus Terenz, als Sprach-, Anstands- und Gedächtnisübung, aber auch als ein „Spiegel" des Lebens, zur Förderung der Menschenkenntnis. Bei Gelegenheit der Darstellung einer Terenzischen Komödie in einer schlesischen Schule äußerte Luther: „Comödie zu spielen soll man um der Knaben in der Schule willen nicht wehren, sondern gestatten und zulassen."[1] In der Vorrede zur Übersetzung der Bücher Judith und Tobias wies er darauf hin, daß sich diese Geschichten zu frommen und lehrreichen dramatischen Darstellungen eigneten. Melanchthon, der Freund und bedeutendste Gehilfe Luthers, der „Lehrer Deutschlands", hatte schon in seiner Jugend, im Henno von Reuchlin mitgewirkt und schätzte die Schulspiele besonders als Sprachübungen. In seiner Schola privata in Wittenberg führte er ebenfalls die lateinischen Aufführungen ein, damit „eine alte Sitte erneuert werde und einer Forderung der Zeit genüge geschehe". Er verfertigte selbst die Prologe zu den von ihm aufgeführten Stücken des Terenz, Plautus, Seneca und Euripides, verteidigte darin den ethischen Wert der Komödien, bekämpfte die Angriffe einseitiger Moralisten und bat um Aufmerksamkeit und Nachsicht für die Darsteller, zum Teil in Worten und Versen aus den Prologen des Terenz. Luthers Rat und Melanchthons Beispiel folgten zunächst deren Freunde und Gehilfen, dann der größte Teil der Schulmänner, darunter viele bedeutende Pädagogen, z. B. Valentin Friedland aus Trotzendorf, Johannes Sturm, der in Straßburg ein Theatrum academicum gründete und Wolfgang Ratich. Pflegten diese letzteren besonders die lateinischen Aufführungen aus Terenz und Plautus, so entstanden doch auch bald unzählige lateinische und deutsche Nachahmungen, insbesondere auch biblische und polemische Schuldarstellungen. Viele bedeutende Gelehrte, Geistliche und Schulmänner, besonders die Lehrer der Poesie und Beredsamkeit

---

[1] In den sogenannten Tischgesprächen oder Tischreden, im Jahre 1556 und 1560 von dem Weimarer Hofprediger Aurifaber herausgegeben. Nach der Ausgabe von Förstemann und Bindseil (1848) Tischrede IV. S. 592. 2.

verfaßten von nun an zahlreiche Schulkomödien für ihre Lehr=
anstalten: Sixt Birk in Augsburg, Nikodemus Frischlin in Braun=
schweig und Tübingen, Paul Rebhuhn in Zwickau und Plauen,
Pastor Friedrich Dedekind in Lüneburg, Konrad Celtes in Wien
u. a. m. In verschiedenen Schulgesetzen wurden solche Darstellun=
gen sogar besonders angeordnet und vorgeschrieben. Auch von den
schweizerischen Reformatoren wurden die Schuldarstellungen begün=
stigt, namentlich in Zürich von Zwingli. Die glänzendste Auffüh=
rung und größte theatralische Ausbildung fanden aber diese Spiele
in den katholischen Ländern, in den neuen Jesuitenschulen, wo die=
selben mit dem größten Eifer und prächtiger szenischer Ausstattung
gepflegt wurden.

In Hamburg brachte die Reformation ebenfalls eine Verände=
rung des Schulwesens hervor. Durch dieselbe wurden auch hier die regel=
mäßigen Schuldarstellungen lehrordnungsmäßig eingeführt und kamen
namentlich in dem neu gegründeten Johanneum in Aufnahme, wo sie
dann über zwei und ein halbes Jahrhundert hindurch gepflegt wurden.

Am 24. Mai 1529 weihte Johannes Bugenhagen, der
Reformator Hamburgs, das Refektorium des ehemaligen Domini=
kanerklosters St. Johannis des Täufers und des Evangelisten,
nach vorhergegangener Vertreibung der Mönche, feierlich zur
Lateinschule ein und gab derselben die kurz vorher von ihm
verfaßte Schulordnung, welche in seiner niedersächsisch geschriebenen
Hamburger Kirchenordnung enthalten ist.[1]

Die neue Schule wurde unter Aufsicht der Geistlichkeit und
des Rates gestellt und erhielt als Patrone und Visitatoren den
Superintendenten und die vier Pastoren, nebst vier Ratsmitgliedern

---

[1] Abgedruckt in der Festschrift zur dreihundert und fünfzigjährigen Jubel=
feier des Johanneums. Hamburg, 1879. Dr. Richard Hoche, Beiträge zur
Geschichte der St. Johannis-Schule in Hamburg. S. 1—9.

und zwölf Oberalten. Die Schule wurde zuerst nur in fünf Klassen eingeteilt und sieben Lehrer für den Unterricht angestellt, welche sämtlich im Kloster Wohnung erhielten. Die ersten Lehrer waren der Rektor, der Subrektor und der Kantor; die vier unteren Lehrer hießen Pädagogen oder Kindermeister. Mit Ausnahme des Rektors waren alle Lehrer zum Schul- und Kirchendienste verpflichtet. Das Einkommen der Lehrer bestand aus einem kleinen festen Gehalte von jährlich 30 bis 150 Mark; ferner aus dem geringen Schulgelde (pretium), welches für arme Schüler jährlich vier, für reiche zwölf und für fremde sechzehn Schillinge betrug und von dem der Rektor ein Viertel, seine „Schulgesellen" den Rest zu gleichen Teilen erhielten, und endlich aus dem Erlös von allerhand Nebenbeschäftigungen, namentlich Privatstunden.

Das Johanneum hatte zwei Hauptzwecke: erstens sollte es dem gründlichen Studium der lateinischen Sprache dienen und zweitens die Schüler zum Chorgesange in den Kirchen ausbilden.

Die Musik begann in der untersten Klasse mit dem einstimmigen Gesange (langen sanck). In den oberen Klassen wurde der Kunstgesang und die Figuralmusik studiert. Alle Schüler waren ursprünglich zum Chorgesang in den Kirchen verpflichtet und wurden auf die verschiedenen Kirchspiele verteilt. Der Kantor war der Vorsteher der gesamten Kirchenmusik, der sogenannten Kantorei; die vier Kindermeister waren ihm in dieser Beziehung untergeordnet. der Kantor dirigierte den Chorgesang in der Hauptkirche, die Kindermeister in den Nebenkirchen. Mit einem Stocke oder einer Rute in der Hand führten sie die Schüler in die Kirche. Außerdem mußten die Singchöre bei Begräbnissen und den damals üblichen Brautmessen singen; später wurden dieselben auch zu weltlichen Festlichkeiten, besonders des Rates, hinzugezogen, wo sie auf Wunsch auch mit lustigen deutschen Tafelliedern aufwarteten; und endlich wurden sie selbst in den Schuldarstellungen verwendet.

Beteiligung bei Begräbnissen, Brautmessen und andern Festlichkeiten, wie auch das sogenannte Umsingen in den Straßen bildete später eine bedeutende Einnahmequelle für den Kantor und die armen Chorschüler. Der Chordienst wurde in verschiedenen Schulordnungen besonders geregelt; zuerst in den Schulgesetzen von 1537 und in der Schulordnung von 1556.

Den Hauptgegenstand des Unterrichtes bildete die lateinische Sprache. Schon in der untersten (ersten) Klasse wurde mit der lateinischen Grammatik, dem Donatus, angefangen. In der zweiten Klasse sollten als Sprach- und Redeübung hauptsächlich die damals sehr gebräuchlichen lateinischen Gespräche von Erasmus und Mosellanus geübt werden. Für die dritte Klasse werden Terenz und Plautus empfohlen, welche als Muster in der lateinischen Sprache angeführt werden, und sollen die Komödien derselben fleißig gelesen, erklärt und sogar schon teilweise auswendig gelernt werden. In der vierten Klasse beginnt das Studium der lateinischen Redekunst und Poetik. In der fünften (obersten) Klasse wird endlich die Ausbildung in der lateinischen Rhetorik, Dialektik und Poetik vollendet.

Als Hilfsmittel für den lateinischen Sprachunterricht in der obersten Klasse empfahl Bugenhagen in seiner Schulordnung die dramatischen Darstellungen: „Item idt is ock eine gude ovinge, dat me se comedien spelen let ebber etlike colloquia Erasmi." Es wurden also die protestantischen Schuldarstellungen in Hamburg von Bugenhagen selbst angeordnet und gewissermaßen sanktioniert; dann später, je nach der Wertschätzung der Rede- und Dichtkunst und ihrer Pflege in der Johannisschule, oder nach der Schauspielliebe der Schulpatrone und des Rektors, Subrektors oder Konrektors, öfter oder seltener zur Aufführung gebracht.

Wahrscheinlich führte schon der erste Rektor der Johannisschule, Magister Theophilus Freytag, oder Hermelates (von 1529 bis 1537) die Schuldarstellungen ein. Als Wittenberger und Freund Melanchthons, wie auch Bugenhagens, der ihn hierher empfahl, mußte ihm ja der pädagogische Zweck und Nutzen der Schulaufführungen bekannt gewesen sein. Unter diesem ersten Rektor besuchte der nachmalige dramatische Dichter Heinrich Knaust (Cnaustinus), der um 1524 in Hamburg geboren war, das Johanneum.

Freytag interessierte sich ungemein für seinen poetischbegabten Schüler und brachte ihn nachher selbst nach Wittenberg, wo Melanchthon sein liebster Lehrer wurde. Im Jahre 1540 wurde er zum ersten evangelischen Rektor des Köllnischen Gymnasiums nach Berlin berufen und blieb hier ein Jahr lang, studierte daselbst später Rechtswissenschaft und wurde dann zum Syndikus in Demmin und hierauf in Bremen gewählt. In 1557 ging Knaust nach Erfurt, wo er eine Anstellung als Schulmeister am Stifte St. Mariä erhielt. Hier soll Knaust, nach einem bewegten Leben, nachdem er Lizentiat, Doktor beider Rechte, Pfalzgraf und gekrönter Dichter geworden, um 1577 gestorben sein. Er hat mehrere lateinische und deutsche Schuldramen und Gesprächsspiele, nach geistlichen und weltlichen Stoffen, geschrieben.

Einige seiner Schauspiele sind seinen Landsleuten gewidmet; so ist z. B. das Spiel von der Geburt des Herrn Jesu (in Berlin 1541 gedruckt) dem Hamburgischen Rate zugeeignet und sein lateinisches Gesprächsspiel (dialogus in repititionem) über die Behandlung der Schiffahrt und des Schiffbruches, mit eingeflochtenen Lobsprüchen auf die berühmteste und blühendste Seestadt Hamburg, (gedruckt in Erfurt 1573), seinem Verwandten, dem Ratsherrn Johann Huge in Hamburg, dediziert.

Unter dem folgenden Rektorate des Magisters Matthäus Delius aus Hamburg (von 1537 bis 1565) fanden die Schulkomödien sicherlich eine größere Aufnahme und Ausbildung. Delius hatte ebenfalls in Wittenberg studiert und wurde von Melanchthon sehr hochgeschätzt. Er legte großen Wert auf die lateinischen Redeübungen und namentlich auch auf das Studium des Terenz. Nach der, vermutlich von ihm verfaßten, lateinischen Lehrordnung vom Jahre 1537 [1] sollen in der vierten Klasse einige Komödien des Terenz erklärt werden, hauptsächlich das Mädchen von Andros, der Selbstpeiniger, die Brüder und die Stiefmutter. In der fünften Klasse soll dieser Dichter noch eingehender studiert werden. Auch werden für diese Klasse viermal im Jahre Deklamationen angeordnet, damit die Knaben Beweise von ihren Fortschritten geben; an solche schönen Übungen sollten alle Knaben gewöhnt werden. Schließlich werden auch für die beiden obersten Klassen die öffentlichen Schuldarstellungen verordnet und folgende Bestimmungen über die Art und Weise der Aufführung angegeben: Aufführungen von Komödien (Actiones comoediarum) sollen jährlich einmal, zu einer passenden Zeit, stattfinden; doch ist darauf zu sehen, daß solche Aufführung nicht zu sehr den Studien schade, welche nach der gewöhnlichen Ordnung betrieben werden müssen; bei diesen Aufführungen sollen sich die Knaben vorzüglich den Beifall gelehrter Männer zu erwerben suchen, welche über Geistesbildung zu urteilen vermögen. Die Auswahl der Komödien treffen die Rektoren unter dem Rate des Superintendenten; es wird von ihnen erwartet, daß recht passende Komödien von alten und neueren Dichtern aufgeführt werden; dadurch werden die jungen Leute im Vortrag und in der Bewegung (pronunciatio et gestus) ausgebildet und vorzügliche

---

[1] Hoche, Beiträge zur Geschichte der St. Johannis-Schule in Hamburg; a. a. O. S. 10—23.

Beispiele der besten Sitten werden ihnen vor Augen geführt. Auch dem Lehrer der vierten Klasse wird erlaubt, bisweilen die Aufführung einer kurzen und nützlichen Komödie zu veranstalten; ihm aber werden dazu ausgewählte Gespräche des Erasmus oder eines andren Autors empfohlen, in denen nicht nur Anmut des Stoffes waltet, sondern auch Frömmigkeit und gute Zucht gelehrt werden.

Unter Delius' Leitung fanden wahrscheinlich nur ausschließlich lateinische Aufführungen statt, da nach dessen Lehrordnung hauptsächlich die lateinische Sprache geübt und gepflegt werden sollte; so daß sogar die Schüler der oberen Klassen bestraft wurden, wenn sie deutsch sprachen. Neben Delius wirkte als Subrektor Johann Freder, der gleichfalls in Wittenberg studiert hatte und mit Luther, Melanchthon und Bugenhagen befreundet worden war. Er wurde als lateinischer und deutscher, als weltlicher und geistlicher Liederdichter geschätzt; verfaßte auch, in nieder- und hochdeutscher Sprache, einen Dialog, dem Ehestand zu Ehren.

Über die Art und Weise, wie die Schuldarstellungen unter den nächstfolgenden Rektoren[1] an der Johannisschule gepflegt wurden, sind uns leider eben so wenig Nachrichten erhalten, als über die zur Aufführung gelangten Stücke. Nur die jedesmal vorhandene Anzahl poetischer oder gar dramatischer Talente und Freunde der Beredsamkeit giebt uns einen ungefähren Anhalt zur

---

[1] Bis zum Ende des 16. Jahrhunderts wirkten an der Johannisschule fünf Rektoren. Der dritte war der Magister Martin Mecklenburg von 1566—74. Dessen Nachfolger wurde M. Werner Rolfink, bis 1590. Neben diesem wirkte als Konrektor der Dichter Henning Konrabin aus Hamburg. Als fünfter Rektor wurde 1591 M. Paul Sperling aus Edernvörde angestellt, der dieses Amt bis zum Jahre 1619 bekleidete und in dieser Zeit die Schule zu bedeutendem Ansehen brachte.

Beurteilung der derzeitigen Pflege der Schuldarstellungen in Hamburg.[1]

Im Laufe des 16. Jahrhunderts hatte im allgemeinen in Deutschland eine Umgestaltung des Schuldarstellungswesens stattgefunden. Der pädagogische Zweck wurde teilweise gänzlich vernachlässigt und die Aufführungen waren nur noch öffentliche theatralische Unterhaltungsspiele, in denen der Schaulust und dem Geschmack des großen Publikums möglichst Rechnung getragen wurde. Die verschiedensten Stoffe wurden zeitgemäß bearbeitet und mehrfach auch brennende Zeit- und Streitfragen dramatisch behandelt oder doch eingeflickt, besonders über Kirchen- und Schulangelegenheiten. Endlich fanden auch komische Auftritte in den verschiedensten Dialekten Aufnahme in die Schulstücke. Terenz und Plautus wurden nach und nach durch zahlreiche neulateinische und deutsche Nachahmungen vom Repertoire der Schulbühnen verdrängt, und diese wurden dem Publikum durch Einleitungen (argumenta), Zwischenspiele, musikalische Einlagen vom Singchore, durch szenische Ausstattung, später sogar durch Tänze, verständlicher und ergötzlicher gemacht. Endlich wurden die Schulaufführungen sogar zu einer Gelderwerbsquelle für die nur gering besoldeten Lehrer, die ja auf mancherlei Nebenverdienst angewiesen waren. Während nämlich die Schuldarstellungen anfänglich nur für die Schulpatrone und Inspektoren und für die Angehörigen

---

[1] Im 16. Jahrhundert ging aus Hamburg ein eifriger Förderer der Schuldarstellungen hervor: Vincent Prallus. Derselbe war 1537 in Hamburg geboren, kam mit seinem dreizehnten Jahre in eine Buchdruckerei als Korrektor, studierte seit 1564 zu Basel, wurde 1577 zum Vikar des dortigen Gymnasiums und 1590 zum Professor der Beredsamkeit ernannt. Gleich nach seiner Anstellung am Baseler Gymnasium nahm er die Darstellungen in den Lehrplan auf und veranstaltete häufige Aufführungen mit Anwendung theatralischer Ausstattung, wahrscheinlich nach dem italienischen Theater. Er starb in Basel am 28. April 1594.

der betreffenden Schüler bestimmt waren, wurden dieselben später jedem Liebhaber derselben zugänglich, weil die veranstaltenden Lehrer hierbei freiwillige Geldgeschenke (praemia) in Empfang nahmen, als Lohn für ihre Bemühung und als ein Beitrag zu den Kosten. Namentlich pflegte hierbei der Rat, als Schulpatron, den Lehrern ein größeres Geldgeschenk zu überreichen. Diese „Ratsprämie" war die erste städtische Theatersubvention und wurde später auch den berühmtesten Wanderkomödianten bei der sogenannten „Ratskomödie" gewährt.[1]

Die artistische Leitung der Schuldarstellungen lag in der Regel dem ersten oder zweiten Schulkollegen ob, zuweilen dem Rektor, häufiger dem Konrektor oder Subkonrektor, welche den Unterricht in den obersten Klassen in der lateinischen Sprache, Beredsamkeit und Poesie erteilten. Der Rektor oder Konrektor war zugleich der Direktor und Regisseur des Schultheaters; er schlug die Stücke vor, richtete dieselben nach der Anzahl und Begabung der Schüler ein und hielt die Proben ab; häufig war er auch zugleich der Dichter der Schulkomödien. Später verband sich der Rektor mit dem Kantor für den musikalischen Teil; dieser mußte die Gesänge einstudieren und dirigieren,

---

[1] In jeder theaterliebenden Stadt suchten die Wanderkomödianten, gewöhnlich zum Schlusse der Saison, um die Erlaubnis nach, eine Ratskomödie veranstalten zu dürfen, d. h. eine Vorstellung dem Rate zu Ehren (in honorem Senatus). Bei dieser Aufführung wurde das beste Stück in bester Darstellung gegeben. Der Rat durfte dasselbe selbst auswählen und Tag und Stunde dieser Vorstellung bestimmen; er hatte freien Eintritt und einen Ehrenplatz auf der Bühne; dafür revanchierte er sich dann durch die Ratsprämie. Bei den Wanderkomödianten erhielt sich diese Sitte bis zur Mitte des achtzehnten Jahrhunderts. In Hamburg soll die Ehre dem Prinzipal M. Johann Veltheim, Ende des siebzehnten Jahrhunderts, zuerst widerfahren sein. In Lüneburg betrug die Ratsprämie für die Schulaktoren gewöhnlich fünfundzwanzig Thaler, für die Komödianten nur zwölf Thaler.

ursprünglich sogar die Begleitung selbst ausführen. Wie der Musikdirektor der Schuldarstellung, war der Kantor gewöhnlich auch zugleich der Komponist derselben.

Die artistischen Leiter des Schultheaters hießen Aktoren (actores), zuweilen auch Regenten oder Direktoren. Der erste Lehrer, der Regisseur, wurde actor primarius oder regens genannt; er hatte den Hauptanteil an den Schulspielen und erhielt in der Regel auch den größten Teil der Einnahme, gewöhnlich zwei Drittel. In verschiedenen Schulgesetzen wurde das Schulspielwesen genau geordnet und den betreffenden Lehrern das „Komödiengeld" kontraktlich zugesichert, wie z. B. in Lüneburg. Die darstellenden Schüler wurden Agenten genannt, später, von den Berufsschauspielern, vorzüglich in Österreich, spottweise als Gregoriusspieler bezeichnet. Nach den Aufführungen wurden die Agenten von den Aktoren zu einem gemeinschaftlichen Schmause (collatio oder convivium) geladen und dabei mit Speisen und Getränken freigehalten.

Da die Schuldarstellungen an vielen Orten nur noch als Einnahmequellen angesehen wurden und die Aktoren mit dem Raffinement eines spekulativen Theaterprinzipals vor allen Dingen darnach trachteten, ein möglichst gutes Geschäft zu machen, so machte endlich solche Entartung der Schulkomödien eine Überwachung derselben notwendig. Diese wurde zunächst dem Superintendenten, als Schulinspektor, übertragen. Damit wurde die Theaterzensur ins Leben gerufen.

Die Ausstattung der Schuldarstellungen gestaltete sich immer theatralischer. Im Anfange hatte eine einfache Rednerbühne, ein bescheidenes Podium genügt; aber später wurde auch in Deutschland das italienische Theaterwesen eingeführt, welches zunächst dem antiken Theater nachgebildet worden war. Dekora-

tionen, einzelne konventionelle Kostümstücke, künstliche Bärte und
andre Requisiten kamen in Gebrauch.

Der erste Schauplatz war das Auditorium (in Kloster-
schulen häufig das Refektorium); später wurde auch das Rathaus,
die Diele eines Wohnhauses, ja sogar das Wirtshaus als Schultheater benutzt.

Nachdem im sechzehnten Jahrhundert die gedruckten Schul-
programme in Aufnahme gekommen waren, bedienten sich die
Akteuren derselben auch zu Einladungen zu den theatralischen
Spielen. Die Schulspielprogramme waren gewöhnlich in
Quartformat, selten in Folio, gedruckt und mehrere Seiten stark;
sie enthielten neben der Einladung nicht nur Zeit und Ort der Darstellung und den Titel des Stückes, sondern häufig noch kritische Er-
läuterungen und Hauptinhalt der Komödien, zuweilen ein vollstän-
diges Szenarium, später auch den Text der Gesänge und die Namen der
Darsteller. Vielleicht sind indessen schon die „charten oder tafeln“,
welche drei niederländische Rhetoriker (s. S. 29 Anm.) mit sich
führten, auf solche Theaterzettel zu beziehen. Diesen Schulspielprogrammen, welche herumgetragen und ausgeteilt wurden, sind
zweifelsohne unsre Theaterzettel nachgebildet. Die ältesten Theaterzettel der in Hamburg auftretenden Wanderkomödien, insbesondere
diejenigen der Ratskomödien, haben genau dieselbe Form wie die
Schulspielprogramme.

Bis zum ersten Drittel des siebzehnten Jahrhunderts wuchs
die Aufnahme und Ausbildung der Schulkomödien zur höchsten
Blüte. Nicht nur auf Universitäten und Lateinschulen, sondern
auch in den sogenannten Winkelschulen fanden dramatische Darstellungen statt; von den ersteren wurden besonders die lateinischen,
von den letzteren die deutschen Komödien gepflegt. Einige Schulen
erlangten sogar einen besondern Ruf wegen ihrer Darstellungen

und in verschiedenen Städten nahmen dieselben einen ganz öffentlichen, sogar volkstümlichen Charakter an, wie in Zittau und Lüneburg, wo die Aufführungen in der Fastnachtszeit stattfanden, oft unter Mitwirkung verschiedener Spielleute. In Lüneburg waren die Schulkomödien mit dem alten, ehemals weitberühmten Fastnachspiel der salzbegüterten Patrizier, dem sogenannten Kopenfahren, verbunden. Sogar die Privatlehrer und die Dorfschulmeister beschäftigten sich mit theatralischen Spielen und machten den fremden Wanderkomöbianten[1], welche vom sechzehnten Jahrhundert an in Deutschland umherzogen, unliebsame Konkurrenz. Das Erscheinen der Komöbiantenbanden erregte vielfach den Neid der Schulaktoren und führte zu entschiedenen Feindseligkeiten; wobei die Schulregenten den Rat und die Geistlichkeit gegen die Komöbianten aufzuhetzen suchten. Die Darstellungen der kunstgeübteren Berufsschauspieler blieb natürlich nicht ohne Einfluß auf die Schulkomödien und verbesserte auch die theatralische Ausbildung derselben.

Auch in Hamburg scheinen die Schuldarstellungen im Anfang des siebzehnten Jahrhunderts einen größeren Aufschwung genommen zu haben, hervorgerufen durch die Anwesenheit verschiedener

---

[1] Im Auslande hatten sich schon frühzeitiger Gesellschaften gebildet, die aus ihren theatralischen Aufführungen ein Geschäft machten und dieselben kunstgemäß und berufsweise betrieben; sie reisten mit ihren einstudierten Stücken, wie die Spielleute (histriones), umher und durchwanderten auch fremde Länder. Als besonderes Reizmittel brachten sie, wahrscheinlich bei den Italienern zuerst, auch Frauen auf die Bühne. Deutschland wurde besonders von italienischen, niederländischen und englischen (später auch französischen) Banden durchzogen. Übrigens gab es schon im sechzehnten Jahrhundert auch deutsche Schauspielzünfte von bürgerlichen Fastnachtsspielern, welche mit ihren Stücken in benachbarte Städte reisten, wie z. B. die Kaufbeurer Bürgerzunft. — In Hamburg erschienen zuerst im August 1590 drei niederländische Rhetoriker, um hier Historien und Parabeln aufzuführen. Dann gaben deutsche Studentengesellschaften und die berühmten englischen Komöbianten hier wiederholt Gastspiele auf ihren Wanderzügen.

poetischer Talente in der Johannisschule und durch die erhöhte Aufnahme dieser Lehranstalt.[1]

Im Jahre 1613 wurde im Klostergebäude, neben der Lateinschule auch noch ein akademisches Gymnasium gegründet und Paul Sperling zum gemeinschaftlichen Rektor beider Lehranstalten und zum Professor der Beredsamkeit und Dichtkunst am Gymnasium ernannt. Die Schüler des Gymnasiums führten später ebenfalls dramatische Darstellungen auf. Sperlings Nachfolger wurde im Jahre 1620 M. Zacharias Schefter und zu derselben Zeit ward der Lüneburger Johannes Starke zum Konrektor erwählt. Starke, der von kundigen Gelehrten seiner Zeit als ein scharfsinniger Kopf, trefflicher Schulmann, glänzender Schriftsteller und begabter Dichter gepriesen wurde, war vorher Prorektor in Lüneburg gewesen, wo damals gerade das Schulspielwesen in höchster Blüte stand.

Unter den beiden Rektoren Sperling und Schefter hatte Johann Rist aus Ottensen (geboren am 8. März 1607), der bedeutende Liederdichter und Dramatiker, die hiesige Johannisschule und das Gymnasium besucht. Wahrscheinlich hat Rist in seiner Jugend zuerst in den Hamburger Schuldarstellungen mitgewirkt und diese haben ihm die erste Anregung und Ausbildung zur dramatischen Schöpfung gegeben. In verschiedenen Schriften erwähnt Rist, daß er von Kindheit an eine große Neigung zur dramatischen Dichtkunst empfunden und schon als Knabe in Schauspielen als Darsteller mitgewirkt habe. In dem Aprilmonatsgespräch „Die

---

[1] Im Jahre 1603 zählte die Johannisschule elfhundert Schüler, von denen einhundert und dreißig die Prima besuchten. — Als Kantor kam 1604 der Schleswiger Erasmus Sartorius (Schneider), ein bedeutender Musiker und gekrönter Dichter aus Rostock nach Hamburg und wirkte über zwei und dreißig Jahre an der Johannisschule.

Aller-Edelste Beluſtigung Kunſt- und Tugend-liebender Gemüther" vom Jahre 1665, in welchem das Theater mit der Muſik und Malerei verglichen wird, ſagt Riſt (im Vorberichte): „Ich zwar habe für meine Perſon in der Jugend, mich fleiſſig genug in Außübung dieſer Wiſſenſchafft gebrauchen laſſen, ich befinde aber, daß hiezu ſo viel erfodert wird, daß auch die Allerverſtändigſten es ſchwehrlich können begreiffen." In der Schauſpielunterhaltung führt Riſt ferner an: „Was mich betrifft, ... ſo muß ich bekennen, daß gleich wie ich von meiner Kindheit an, zu dergleichen Ubungen groſſe Luſt gehabt; Alſo ich auch viel Arbeit darin verrichtet. Denn ich nicht allein, wie ich noch ein Knabe war, meine Perſon vielmahls auf den Schauplätzen dargeſtellet, welches auch hernach, wie ich ſchon eine geraume Zeit auff Univerſitäten oder hohen Schuhlen gelebet, mehr denn einmahl geſchehen."

Nachdem Riſt das hieſige Gymnaſium abſolviert, beſuchte er das Gymnasium illustre in Bremen und hierauf die Univerſität Rinteln. Um 1628 kam er dann beſuchsweiſe von der Univerſität zu ſeinen Eltern nach Ottenſen und wurde daſelbſt von der Peſt befallen. Nach ſeiner Geneſung ſcheint er in Hamburg die Stelle eines Hofmeiſters bei dem erwachſenen Sohne einer bisher unbekannten, wohlhabenden Patrizierfamilie angenommen und denſelben ſpäter nach Roſtock auf die Univerſität begleitet zu haben. Während des Hamburger Aufenthalts, in ſeiner Eigenſchaft als Hauslehrer, ſchrieb Riſt ſein erſtes Schauſpiel, die Irenaromachia, nach Art und Weiſe der Schulkomödien, und leitete hier die erſte öffentliche Aufführung deſſelben.

Im Jahre 1630 erſchien nämlich, gedruckt bei Jakob Rebenlein, ein Schauſpiel unter dem Titel: „Irenaromachia. Das iſt eine Newe Tragico-comoedia Von Fried vnd Krieg. Auctore Ernesto Stapelio, Lemg. Westph. Acta Hamburgi, Anno

MDCXXX.[1] Der angegebene Verfasser, Ernst Stapel aus Lemgo in Westphalen, war ein poetischbegabter Kommilitone Rists auf der Universität Rostock und mit diesem eng befreundet. Das Stück fand großen Beifall und erlebte viele Neudrucke. Die eingefügten Zwischenspiele wurden später von dem Sekretär des Herzogs Julius Ernst von Braunschweig-Lüneburg, Erasmus Pfeifer, auch in Versen bearbeitet und in einem Breslauer Nachdruck sogar in schlesische Mundart übertragen. Den bestimmten Nachweis, daß Rist selbst der Verfasser der Irenaromachia sei, hat zuerst Gaedertz geliefert[2] und Walther hat dann in einer Abschrift und Fortsetzung der Hamburgischen Chronik von Adam Tratziger unter dem Jahre 1630, zwischen einer Schilderung des Winters zu Anfang des Jahres und einer Notiz aus dem Monat Juni, folgende Bemerkung aufgefunden:[3] „In Ostmaußs Hause in S. Johansstraßen waren schöne Comedien agiret, insonderheit v. Friede vnd Krieg. Autores waren Ristius vnd Stapel." Dieses Ostmausche Haus in der Johannisstraße gehörte wahrscheinlich dem verstorbenen Rats- und Bauhofsherrn, auch Kolonel im Michaelisregimente Albert Ostmann, der am 18. April 1625 verschied und einen Sohn Dietrich oder Theodor hinterließ, welcher 1614 geboren worden

---

[1] Das Stück ist von Stapel der Fürstin Marie von Norwegen, gebornen Herzogin von Schleswig-Holstein u. s. w., gewidmet. Vor dem Stücke sind nach üblicher Weise, verschiedene Lobgedichte abgedruckt; in lateinischer Sprache von Dr. Albert Kirchof, M. Nicolaus Glaserus, M. Steph. Schultetus, Nicolaus Meinius, Theodorus Heucke, J. B. aus Lemgo, Albertus Blomenhagen und Reinerus Brocmann; in deutscher Sprache von Johann Rist. Zur Einleitung des Schauspieles ist der Prolog des Momus aus dem Mädchen von Andros des Terenz, in lateinischer Sprache, vorgedruckt; eine kurze lateinische Nachrede macht den Schluß des Buches.

[2] K. Th. Gaedertz, Das niederdeutsche Schauspiel. I. S. 37 f.

[3] Korrespondenzblatt des Vereins für niederdeutsche Sprachforschung. 8. (1883)

war und 1654, als Lizentiat, starb. Im Jahre 1630 war Rist im drei und zwanzigsten Lebensjahre, jener Dietrich oder Theodor Ostmann sechzehn Jahre alt. Vielleicht war Rist damals der Hofmeister dieses jungen Ostmann und wollte seinem Schüler Gelegenheit geben in einer dramatischen Darstellung mitzuwirken, was ja den damaligen pädagogischen Grundsätzen durchaus entsprach. Er benutzte die willkommene Gelegenheit, um sein erstes Schauspiel zur Aufführung zu bringen.

Die Irenaromachia ist die älteste in Hamburg gedruckte und dargestellte Komödie, welche uns erhalten ist. Daß dieses Stück aus den Schulkomödien hervorgegangen und als Schulspiel gedichtet ist, läßt sich in der Form und Darstellung unzweifelhaft erkennen. Dafür spricht schon die große Anzahl der handelnden Personen, über welche keine derzeitige Wanderbande verfügen konnte. Auch die breite rhetorische und gelehrte Ausarbeitung des Stoffes ist ganz schulspielmäßig. Die Einfügung der komischen Zwischenspiele, in denen besonders das Landleben und die Bauern verspottet wurden, war ebenfalls in den Schuldarstellungen nichts Neues und keinesfalls, wie Gaedertz behauptet, Rists Erfindung, denn der Rektor Gerlach in Zittau hatte schon zwanzig Jahre früher in seinen biblischen Schulspielen solche Schalthandlungen angewendet. Endlich schätzte auch Rist den Vorteil der dramatischen Schulspiele selbst noch in seinem Alter sehr hoch, wie aus seiner eignen Bemerkung bei der Schauspielkritik, in der Alleredelsten Belustigung, hervorgeht: „zu geschweigen, was für Nutzen Junge Gesellen davon haben, wenn sie selber mitspielen, wobey sie nebenst Erlernung der Wolredenheit und anständiger Sitten, auch freyes und beherztes Gemühtes werden, und wolte ich in Warheit nicht ein grosses nehmen, daß in meiner Jugend, ich mich nicht so fleissig in dergleichen Schauspielen hätte geübet."

Ihrem Charakter nach ist die Irenaromachia ein symbolisches Schauspiel, welches, in Prosa geschrieben, das Elend des Krieges behandelt. Das Stück besteht aus zwei Teilen, aus dem Hauptstück (Hauptaktion) und dem Zwischenspiele (Interscenium). Die Hauptaktion ist in drei Akte (Actus), ohne Auftritte, eingeteilt. Das Zwischenspiel, der „Bawren-Auffzug" zerfällt in zwei Abteilungen, welche nach dem ersten und zweiten Akte der Hauptaktion eingeschoben wurden. Als handelnde Personen erscheinen die römischen Götter und Göttinnen, ein Abgesandter Deutschlands, ein Engländer, ein Spanier, der griechische Philosoph Diogenes (aus dem vierten Jahrhundert vor Christi Geburt) und der römische Rechtsgelehrte Ulpianus (aus dem dritten Jahrhundert nach Christi Geburt), ferner Knaben, Soldaten und Bauern; zusammen etwa achtzig Personen, von denen die Hälfte Statisten sind. Die Heldin der Hauptaktion ist Irene, die Göttin des Friedens, der Held Ares, der Gott des Krieges. In der Hauptaktion wird in allegorischer Weise dargestellt, wie der sittliche Verfall der Menschen den Zorn Gottes heraufbeschworen und Gott den Menschen zur Strafe seine größte Wohlthat, den Frieden entzogen und sie dem rohen Kriegsgotte zur Züchtigung übergeben hat. Der Dialog bewegt sich in diesem Stück mit Vorliebe in der verblümten Redeweise. Dadurch, daß jedem Darsteller Gelegenheit zu einer größeren Redeübung geboten werden sollte, ist die Entwickelung schleppend geworden. In der Hauptaktion sind das rhetorische Element und die Reflexion, in schulfüchsiger Gelehrsamkeit, vorherrschend; demnächst wird darin besonders auf die richtige Beobachtung der höflichen Komplimente geachtet. Schönrednerei und gesellschaftliche Beweglichkeit bilden eben den eigentlichen Zweck des Spieles; selbst die olympischen Götter halten sich in ihrer Konversation streng an den üblichen Kurialstyl und im Umgang genau an das geltende Hofzeremoniell. In dem Zwischenspiele dagegen tritt die Charakterschilderung in der realistischsten Weise in den Vordergrund; hier ist die größte Natürlichkeit in Sprache und Bewegung vorgeschrieben, wie sich denn auch die Bauern des holsteinischen Dialektes bedienen. Die lebhafte Handlung stellt uns die unvernünftige Feindschaft zwischen Bauern und Soldaten dar; sie schildert uns die Dummheit und Roheit der Landbewohner, welche die Kriegszustände hervorgerufen haben, und die herzlose Strenge der Soldaten.

Die Darstellung muß, nach den geringen szenischen Anmerkungen im Stücke zu urteilen, sehr einfach gewesen sein und ging in der Hauptaktion selten über das Maß eines deklamatorischen Vortrages hinaus. Eine Spielrolle ist eigentlich nur der Prahler und Raufbold Mars, der einige Affekte darzustellen hat. Die Aufführung fand vermutlich in der Fastnachtszeit auf der geräumigen Diele des Ostmannschen Hauses statt, wo ein einfaches Podium errichtet worden sein mag. Dekorationen und Vorhang scheinen nicht vorhanden gewesen zu sein; nur einige Requisiten und Kostümstücke kamen in Anwendung. Der Parnaß, im ersten Akte, wurde wohl nur durch einen symbolischen Thronsessel für Gott Jupiter und entsprechende Sitzgelegenheiten für die übrigen Gottheiten angedeutet. Die Götter erschienen mit ihren verschiedenen Emblemen und die Musen spielten auf der Bühne auf ihren Musikinstrumenten. Auch an Knalleffekten fehlte es nicht; im zweiten Akte wird der Auftritt des Mars durch Schüsse und Trommelwirbel vorbereitet. Sowohl in den Zwischenakten als auch verschiedentlich auf der Bühne und hinter der Szene war Musik angeordnet, deren Anwendung im Schauspiele Rist für unentbehrlich hielt. Die Namen der Darsteller in der Irenaromachia sind unbekannt. Aus einem beigefügten Lobgedichte geht nur hervor, daß ein F. B. aus Lemgo einen Soldaten (wahrscheinlich den Quartiermeister im Zwischen-

spiele) agierte. Vielleicht war dies der spätere Mediziner Friedrich
Burten, der auch zu Rists „Musa teutonica" ein Lobgedicht ge-
schrieben und auf den sich in Rists „Poetischer Lustgarten" ein
Gedicht bezieht. Rist und Stapel waren jedenfalls die leitenden
Aktoren und haben wohl auch als Hauptdarsteller mitgewirkt.

Wie aus der Fortsetzung der Tratzigerschen Chronik hervor-
zugehen scheint, wurden zu jener Zeit in Hamburg mehrere Stücke
aufgeführt und wahrscheinlich auch einige Male wiederholt. Über
die andern zur Darstellung gelangten Stücke ist jedoch nichts
näheres bekannt. Vielleicht bezieht sich aber auf eines derselben
eine Anekdote, welche Rist, bei der Musikbesprechung in seiner
Alleredelsten Belustigung, sowohl um die Macht der Musik zu
illustrieren, als auch um die Notwendigkeit und Nützlichkeit derselben
im Schauspiele zu beweisen, erzählt. „Als ich (sagt er) einsmahlen
die Person eines grausahmen Tyrannen spielete, und ein unschuldiges,
gar schönes Weibsbild jämmerlich ließ hinrichten, welcher bluhtiges
Haupt man bald hernach auff der Taffel in einer Schüssel sahe
stehen, ließ ich ein Lied, welches eine gar klägliche Melodia hat,
und dessen Text mit diesen Worten anfähet: Ach nun habe ich dir
mein Leben, bleicher Tod ergeben, u. s. w. sehr traurig spielen
und singen, worüber die Gemühter der Zuschauer, sonderlich bey
dem zahrten Frauenzimmer dergestalt beweget wurden, daß viele
unter ihnen häuffig ihre Trähnen vergossen. Wir hatten aber
dazumahl einen sehr guten Capel=Meister, nemlich den berühmten
Engelländer Wilhelm Brade, dessen Gehülffe war, Herr David
Kramer, sel. Gedächtnüsse, ein gelehrter Studiosus und stattlicher
Musicus dabei, wie das die schönen Stücke, welche er zu den Comödien
und Tragödien selbiger Zeit gesetzet, nunmehr aber in offenem Drucke
sind zu finden, genugsam bezeugen. Als ich nach geendigter Tragödie
etliche fragte; Warum sie doch so bitterlich hätten geweinet, da sie

ja wol gewust, daß es nur erdichtete Sachen, dem Weibesbilde auch der Kopff nicht warhafftig herunter gehauen, sondern nur durch die Taffel gestecket, und der Halß mit einer solchen Schüssel, die man in der Mitte von einander thun könte, umfangen gewesen? Gaben sie mir zur Antwort, daß sie nicht so sehr durch die jämmerliche Hinrichtung des unschuldigen Weibesbildes, als durch den kläglichen Ton der Musik, und das bewegliche Traur-Lied, das dabey gesungen, in solchen Kummer waren gesetzet, ja so gar ihre heisse Trähnen außzustürzen gereitzet, und gezwungen worden." Bei dieser Vorstellung, in der Rist den Tyrannenspieler agierte, muß er zugleich auch Aktor gewesen sein, da auf seine Anordnung das betreffende Lied eingelegt wurde. Wilhelm Brade war ein berühmter Violinist, ein geborener Engländer, der später Kapellmeister der Stadtmusikanten in Hamburg wurde. Vielleicht hat dieser bei den Rist-Stapelschen Vorstellungen die Musik dirigiert.

Drei Jahre nach jener Aufführung der Irenaromachia nahm Rist eine Hauslehrerstelle in dem Norderdithmarsischen Städtchen Heide, bei dem Landschreiber Heinrich Sager an. Hier dichtete er eine neue Schulkomödie „Perseus", eine Tragödie mit niederdeutschen Zwischenspielen, welche er daselbst zur Aufführung brachte. Das Stück erschien 1634 in Hamburg, gedruckt bei Heinrich Werner, in Verlag bei Heinrich Rosenbaum, und wurde somit auch den hiesigen Schulaktoren zugänglich; ob dasselbe jedoch auch hier zur Darstellung gelangt, ist unbekannt.

Im Anfang des Jahres 1635 trat Rist das Predigtamt in Wedel an; er schätzte sich glücklich, seinem geliebten Hamburg so nahe zu sein und blieb mit demselben in mannigfachen und sehr engen Verbindungen. Rist behauptete sogar, daß ihn die Nähe Hamburgs allein an Wedel gefesselt hätte. In der Zuschrift seiner Liedersammlung „Sabbahtische Seelenlust", welche er dem Rate und der Bürgerschaft zu Hamburg gewidmet, erkennt er dankbar an, daß er im Johanneum die Grundlage seines Wissens erhalten habe und besonders auch, daß er in dieser Stadt seine ersten Jugendschauspiele hat vorstellen lassen dürfen.

Im Laufe der Zeit hat Rist etwa dreißig Stücke geschrieben, von denen jedoch wahrscheinlich nur fünf erhalten worden sind. Zwei von seinen Komödien wurden später in Hamburg von einer wandernden Studentengesellschaft aus Königsberg, geleitet von Andreas Gartner, aufgeführt: die „Probe der beständigen Freundschaft" und das „Friedewünschende Deutschland". Das letztere Stück hatte er auf Veranlassung des Andreas Gartner, für dessen Gesellschaft verfaßt, ebenso das nachfolgende „Friedejauchzende Deutschland". Waren seine Jugenddramen recht eigentlich Schulkomödien und für die Schuldarstellungen verfaßt, so kamen doch auch seine späteren Komödien in das Repertoir des Schultheaters und wurden an demselben lange und mit Beifall aufgeführt.[1]

Rist war nicht nur einer der bedeutendsten Dramatiker seiner Zeit, sondern auch ein sehr verständiger Dramaturg. Er kannte sowohl die Geschichte, als auch das damalige Theaterwesen sehr genau. Als Schulagent und Aktor hatte er praktische und schauspielerische Erfahrung gesammelt, später das Theater der Italiener, Niederländer und Engländer studiert und häufig Vorstellungen deutscher, holländischer, brabantischer und englischer Wanderkomödianten, besonders in Altona und Hamburg, beigewohnt. Er war von der kulturgeschichtlichen Bedeutung des Theaters überzeugt und hielt die Schauspiele für ein sehr nützliches und ergötzliches Bildungsmittel.

[1] Das Friedejauchzende Deutschland wurde wahrscheinlich zuerst in Lüneburg im Jahre 1652, zu Michaelis, von den Johannisschülern aufgeführt, unter Leitung des Kantors Jakobi, eines von Rist hochgeschätzten Musikers und Freundes. Im Jahre 1686 fand daselbst eine Wiederholung des Stückes unter dem Rektorate von Christoph Lauterbach statt.

Auch am Hamburger Johanneum scheinen um diese Zeit die Schuldarstellungen wieder in größere Aufnahme gekommen zu sein. Nach Schesters Tode war 1627 der Hamburger Johann Huswebel im Rektorate gefolgt und 1629 der berühmte Pädagoge Joachim Jungius aus Lübeck. Dieser, bekanntlich ein Mann von den vorzüglichsten Geistesgaben, war auch ein großer Freund der Dicht- und Redekunst und hatte in seiner Jugend selbst mehrere Tragödien verfaßt. In der, unter Junges Mitwirkung, 1634 herausgegebenen Lehrordnung werden zwar öffentliche Übungen der ersten Klasse, aber nicht ausdrücklich Komödien angeordnet. Neben den üblichen Disputationen (Lehrstreiten) sollten auch die Deklamationen („künstliche Redübungen") von dem Konrektor und Subrektor abgehalten werden und zwar in Poesie und Prosa; dieselben sollten auf dem Lehrstuhle recitiert werden, aber nicht über eine halbe Stunde dauern.[1] Als Kantor wurde 1636 Thomas Sellius aus Zörbig angestellt, der ein geschätzter Musiker war und ein langjähriger und hochverehrter Freund Rists wurde, zu dessen Liedern er viele Kompositionen lieferte.

[1] In dieser Zeit wurden bei den Hamburger Rats- und Schulbuchdruckern mehrere Komödien gedruckt. Im Jahre 1633 erschien bei Heinrich Werner eine biblische Komödie, erst in niederdeutscher und dann in lateinischer Sprache, von dem Hamburger Johann Koch (genannt Opsopaeus, kaiserlich gekrönter Dichter, geboren 1583, seit 1608 Pastor in Geesthacht, gestorben 1666 in Marschacht): „Elias, eine Comöbia; darinne begrepen werd, dat Levendt, Prophetenampt, Wunderdabe vnnd Hemmelvart des Propheten Eliä." Wenn die niederdeutsche Ausgabe dieses Stückes, das schon drei Jahre vorher verfaßt worden war, noch einen Zweifel an der Schulspielbestimmung aufkommen ließe, so wird derselbe durch die lateinische Übersetzung vollkommen verscheucht. Im folgenden Jahre erschien dann Rists Perseus und im Jahre 1638 auch ein Schauspiel von Hermann Heinrich Scher: „Von der Liebe Daphnis vnd Chrysilla. Neben Einem anmutigen Auffzuge vom Schafe-Dieb. Hamburg, Gedruckt bei Jacob Rebenlein". Vergl. Gaedertz, das niederdeutsche Schauspiel. I. S. 15 f.

In welchen Beziehungen die in jener Zeit hier gedruckten Komödien zu den hiesigen Schuldarstellungen standen und welche Wirkung sie auf dieselben ausübten, läßt sich jetzt schwerlich mehr ergründen. Sicherlich waren die Schulspiele hier damals sehr beliebt und gebräuchlich; da selbst der schon lange währende Krieg denselben keinen Abbruch gethan hatte. Erst im Jahre 1639 machte eine Strafpredigt des Seniors Hardkopf gegen die Gymnasiasten, welche noch in dieser Zeit eine Aufführung veranstaltet hatten, den öffentlichen Schulkomödien ein vorläufiges Ende.

Der dreißigjährige Krieg unterbrach die öffentlichen Schuldarstellungen in fast allen Städten und machte der Blütezeit derselben ein Ende. Nach dem Kriege befand sich Deutschland in so zerrütteten Verhältnissen, daß an die Wiederaufnahme der Schulkomödien vorläufig nicht gedacht werden konnte.

Als man endlich zu den Schulaufführungen zurückkehrte, war der Geschmack vollständig verändert. Das Theaterwesen hatte sich bedeutend entwickelt. Nach den in Deutschland herumziehenden fremden Komödiantenbanden hatten sich auch deutsche Gesellschaften gebildet, welche die beliebtesten Stoffe in wirksamster Bearbeitung, mit größerer Gewandtheit und besserer theatralischer Ausstattung darstellten. Auffälligerweise bestanden die ersten deutschen Wanderbanden größtenteils aus Studenten, ihre Leiter waren häufig ehemalige Schullehrer.

Während der Schrecken des Krieges werden amtlos gewordene Lehrer und versprengte Studenten sich vereinigt haben, um durch das gewohnte Schulkomödienspielen ihren Unterhalt zu gewinnen.[1] Die Konkurrenz der fremden Berufsschauspieler war den

---

[1] In Hamburg hatte sich während der Kriegszeit gleichfalls eine Komödiantenbande, unter Leitung eines gewissen Karl Andreas Paul, gebildet, welche größtenteils aus wohlerzogenen, meist studierten jungen Leuten bestanden

Schulaktoren sehr unliebsam. Sie machten auch verschiedene Versuche, den Komödianten den Aufenthalt möglichst zu verleiden und verklagten sie beim Rate und bei der Geistlichkeit. Die Komödianten rächten sich dann in ihrer Weise und machten die dilettantischen Darstellungen der Schulagenten in ihren Vorstellungen lächerlich.[1]

In Hamburg war die theatralische Schaulust mit der Einstellung der Schulkomödien durchaus nicht erloschen; Bürgeragenten und Wanderkomödianten befriedigten dieselbe in hinreichendem Maße. Ja, von der zweiten Hälfte des siebzehnten Jahrhunderts an wurde die Schauspielliebe, auch in Hamburg, immer größer und stieg endlich bis zur Theatromanie. Besonders kamen zwei neue Schauspielarten in Mode: die Singspiele (Opern) und die Ballette.

Die Opernmanie war anfänglich so groß, daß sie sich fast bei allen Arten dramatischer Aufführungen kund gab. Zu den üblichen Festtafel-Unterhaltungsspielen wurden nur noch Singspiele gewählt; in der Kirchenmusik gelangten die dramatischen Oratorien in Aufnahme; selbst die Hochzeits- und Leichengesänge des Singchores wurden zu opernmäßigen „Serenaten" und „Oratorien" ausgebildet. Bei allen festlichen Gelegenheiten wurden „Singgedichte", teilweise in dramatischer Form, verfaßt, komponiert und

---

haben soll. Dieser Paul soll der Sohn eines Oberstlieutenants gewesen sein und seine Studentengesellschaft um 1628 gegründet haben. Er war das Vorbild und der Vorläufer Veltheims und gab nur gute meist übersetzte Stücke, insbesondere auch Schäferspiele. Paul bereiste etwa vierzig Jahre Deutschland und die Schweiz. In Basel bezeichnete sich die Gesellschaft 1655 als Hamburger Komödianten.

[1] Rist erzählt in seiner Alleredelsten Belustigung, in der Schauspielunterhaltung, eine Theateranekdote aus seiner Jugendzeit von einer Gesellschaft englischer Komödianten, wahrscheinlich bei einem Hamburger Gastspiel derselben, welche die gleichzeitigen Vorstellungen einer Handwerkergesellschaft, unter Leitung eines ehemaligen Dorfschulmeisters, in einem Zwischenspiel von Pyramus und Thysbe, persiflierten.

vorgetragen; sogar „Singballette" kamen in Anwendung und waren eine Zeitlang sehr beliebt. Die allgemeine Theatromanie und besonders die Opernleidenschaft wirkten auch auf die Schuldarstellungen ein; die Singspiele und Singballette kamen auch bei ihnen in Aufnahme.[1]

Im Jahre 1677 wurde in Hamburg von den Lizentiaten Schott und Lütjens und von dem Organisten der St. Katharinenkirche Reincken ein ständiges Opernunternehmen begründet und ein eignes Opernhaus auf dem Gänsemarkte erbaut, welches im folgenden Jahre mit einem biblischen Singspiele von Adam und Eva eröffnet wurde. Die ersten Mitglieder dieser Oper waren Studenten und Chorschüler, wie Rauch, Mattheson und Hotter, welche auch zugleich für die Oper schrieben; die bedeutendsten Komponisten derselben waren Kirchenmusiker. Noch im achtzehnten Jahrhundert haben mehrere Lehrer und Kantoren des Johanneums für diese Oper gedichtet und komponiert.

Die Singspiele fanden in Hamburg eine so hervorragende Pflegestätte und die Opernmanie nahm hier eine so große Ausdehnung, daß sie den Zorn der Geistlichkeit — doch nur der Pietisten und Mystiker — erregte. Der Pastor der St. Jakobikirche, Johann Reiser, eröffnete den Theaterstreit im Jahre 1681 mit seiner Verdammungsschrift Theatromania. In den hierdurch hervorgerufenen Verteidigungsschriften wurde auch Luthers Ansicht über Schauspiel und Schulkomödien geltend gemacht; z. B. vom Pastor Mayer und vom Komiker Rauch. Daß der Reformator selber die Schuldarstellungen geschützt hatte, mußte alle geistlichen

---

[1] In Lüneburg machte der bereits genannte Kantor Michael Jakobi schon im Jahre 1656 den Versuch, eine stehende Oper zu gründen. Er ließ als Aktor der dortigen Johannisschule, im Wirtshause auf dem Schütting, eine besondere Singspielbühne (theatrum comicum) errichten und von dem Singchore des Johanneums daselbst Opernspiele aufführen.

Angriffe, welche sich auf die alten Kirchenväter stützten, abschlagen; unmöglich durften die theaterfeindlichen Pastoren sich anmaßen, noch lutherischer als Luther selbst sein zu wollen.

Über vierzig Jahre haben die Schuldarstellungen des Johanneums geruht und selbst die einfachen dramatischen Redeübungen scheinen in dieser Zeit eingestellt worden zu sein. Erst unter dem Rektorate von Gottfried Voigt (eingeführt im Februar 1681), zu dessen Zeit Poesie und Beredsamkeit in der hiesigen Schule wieder eine besondere Pflege fanden, wurden auch die Schuldarstellungen wieder aufgenommen. Voigt selbst legte großen Wert auf die Rhetorik und war vorher Rektor in Güstrow gewesen, wo die Schulkomödien lange Zeit in Gebrauch waren. Als Subkonrektor wirkte damals schon seit zwölf Jahren Joachim Henning aus Güstrow, ein derzeit geschätzter lateinischer Dichter; als dritter Lehrer war zwei Jahre vorher M. Paul Georg Krüsike aus Schleswig angestellt worden, der nicht nur ein tüchtiger und geschickter Schulmann, sondern auch ein fruchtbarer Dichter war und später ein gekrönter Poet und Mitglied der deutschgesinnten Genossenschaft, unter dem Beinamen der Tragende, wurde.

In demselben Jahre, in welchem sich der Hamburger Theaterstreit entspann, wurden die Schuldarstellungen, zunächst in der einfachen Form der dialogisierten Redeübungen, wieder eingeführt. Am 3. Mai 1681 wurde das erste Gesprächsspiel, „ein sonderlicher Actus oratorius", bei dem großen Examen nach Ostern, im Auditorium auf dem unteren Lehrstuhl (in inferiori Cathedra) abgehalten anstatt der sonst üblichen einfachen Reden.[1]

---

[1] Nach einer Bemerkung des Seniors Klug im Ministerialprotokolle, deren gütige Mitteilung ich dem Herrn Pastor Dr. Bertheau verdanke. Vgl. auch Calmberg, Geschichte des Johanneums zu Hamburg. S. 158 u. 159.

Damit trat nun auch in Hamburg an die Stelle der ehemaligen Schulkomödien wieder das einfache Gesprächsspiel, gewöhnlich Redeübung, Actus oratorius, auch Actus declamatorius oder poeticus genannt.

Diese Gesprächsspiele behandelten gewöhnlich einen zusammenhängenden Stoff, besonders eine Begebenheit aus der biblischen, aber auch aus der alten und neueren Geschichte; sie wurden häufig durch einen Prolog eingeleitet und mit einem Epilog geschlossen und waren zuweilen sogar in mehrere Akte eingeteilt. Gewöhnlich arbeitete der Rektor mit seinen Schülern die Redeübung gemeinschaftlich aus. Der Rektor wählte irgend einen geeigneten Stoff aus und ließ denselben gesprächsweise, je nach dem Talente in Prosa oder Poesie, behandeln. Diese dialogisierten Redeübungen fanden zwischen zwei oder mehreren Schülern statt; sie wurden hauptsächlich beim Examen nach Ostern und Michaelis, im Auditorium, ohne theatralische Ausstattung abgehalten und bewegten sich größtenteils in lateinischer Sprache; jedoch wurden auch hierzu besondere Einladungsprogramme gedruckt und verteilt, in denen die Namen der perorierenden Schüler und der Gegenstand ihres Vortrages, später sogar das vollständige Szenarium mit dem Inhalt der Redeübung angegeben wurde. Allmählich näherten sich diese Gesprächsspiele wieder den alten Schulkomödien und gestalteten sich immer dramatischer und theatralischer; besonders fanden die musikalischen Einladungen Aufnahme und auch Humor und Satire suchten sich in komischen Auftritten wieder Eingang zu verschaffen. — Neben diesen Gesprächsspielen wurden dann hauptsächlich die **römischen Klassiker** dargestellt.

Auch der fromme Rektor Johannes Schultze (von 1682 bis 1708), der früher als Schüler und Lehrer in Lüneburg an die Schuldarstellungen gewöhnt worden war, ließ nicht nur verschiedentlich lateinische Gesprächsspiele, zur Ausbildung der Sitten,

Bewegungen und Aussprache, vornehmen, sondern auch mehrmals Stücke der heidnischen Klassiker aufführen — obgleich er ein intimer Freund und Anhänger des theaterfeindlichen Pastors Reiser gewesen war. Schulze pflegte besonders die Tragödien des Seneca. Es wurden fünf Trauerspiele dieses Dichters recitiert: 1694 der rasende Herkules, 1696 die Medea und im folgenden Jahre der Thyestes; am fünfzehnten April 1700 fand eine Wiederholung der Medea statt, am zwölften April 1703 wurde Herkules auf Oeta, und am zwanzigsten April die Troada aufgeführt. Die Aufführungen fanden gewöhnlich vormittags um zehn Uhr im Hörsaale (in Theatro Scholae Johanneae) statt. Ein Pro- und Epilog in deutschen Versen waren dem Schuldrama, „Drama scholasticum", beigefügt. Das lateinische Einladungsprogramm, in Quartformat, mit den gebräuchlichen Initialen Q. D. B. V. (Quod deus bene vertat), enthielt eine kritische Einleitung, Angabe der recitierenden Schüler und ihres Wohnsitzes. Neben diesen lateinischen Dramen wurden auch meist noch Redeübungen abgehalten. Als Subkonrektor veranstaltete Krüsike ebenfalls einige Darstellungen Terenzischer Komödien, die er in seiner zweiten Klasse besonders studieren ließ. „Dies feuerte den Eifer einiger oberen Schüler so sehr an, daß sie von eigener Liebe zur Wissenschaft getrieben, das ganze Lustspiel memorierten und auf einer eigens errichteten kleinen Schaubühne, vor vielen Zuschauern, aufführten." „Diese Übung", schreibt Krüsike, „glaubte ich um so weniger mißbilligen oder gar unterdrücken zu müssen, je mehr sie mir zur Verfeinerung der Sitten, zur Bildung des Gedächtnisses und zur Anregung des Fleißes beizutragen schien, der sonst gern lau wird." Im Jahre 1695 ließ Krüsike den Selbstpeiniger, im folgenden Jahre die Brüder von Terenz aufführen.

Schulzes Nachfolger wurde, von 1708 bis 1711, dessen

Schwiegersohn, der gelehrte und fromme Dr. Johann Albert Fabricius, Professor der Moral und Beredsamkeit. Dieser ließ während seines kurzen Rektorates alljährlich, im Oktober, eine einfache lateinische Redeübung in der Prima vornehmen, zu der gleichfalls ein Programm, aber in Folio, die Freunde und Gönner einlud. In der Vorrede zu dem ersten Gespräche „Periculum oratorium" vom Jahre 1708 erklärt Fabricius den Zweck und Nutzen der Redeübungen. Auch später noch, als Lehrer der Beredsamkeit am Gymnasium, hat Fabricius einige lateinische Perorationen mit seinen Schülern veranstaltet. Er beschäftigte sich auch einigemale mit dem Theater; wozu ihn erstens die berühmte pariser Theaterrede des Paters Porée und dann eine Untersuchung über die Entstehung des Elias von Johann Koch veranlaßte.

Der poetischbegabte Johannes Hübner[1], von 1711 bis 1731

---

[1] Hübner wurde am siebzehnten März 1668 in Tyrgau bei Zittau geboren; er besuchte bis 1689 das Zittauer Gymnasium unter Weises Rektorat, dessen besonderer Fürsorge er sich zu erfreuen hatte und in dessen Hause er eine Zeitlang Aufnahme gefunden. Wahrscheinlich hat er auch in den damals gerade sehr eifrig gepflegten Schulkomödien seines Protektors mitgewirkt. Vor der Anstellung in Hamburg wirkte Hübner als Rektor in Merseburg. Hübner wurde seiner Zeit zu den besten Schulmännern gezählt, noch mehr aber als pädagogischer Schriftsteller geschätzt und zugleich auch als einer der vorzüglicheren Dichter und Kunstkritiker gerühmt. Hübner verfaßte zahlreiche deutsche Gedichte, doch ohne wahren Sinn für Schönheit und Anmut. Dagegen sind seine poetischen Regeln erträglich. Außer verschiedenen Gesprächsspielen in deutscher und lateinischer Sprache hat Hübner auch als dramatischer Dichter debutiert. Im Jahre 1728 verfaßte er das Libretto zu einem musikalischen Festtafelspiel, ein Oratorium zum zweihundertjährigen Jubiläum der Hamburger Oberalten, abgedruckt in Fabricius' Memoriarum Hamburgensium Tom. VI. S. 87—108. Im Jahre 1730 erschien in Leipzig bei J. F. Gleditsch ein Reformationsfestspiel: „Die ganze Historia von der Reformation, in fünfzig kurzen Reden; nebst einem Schau-Spiele von der Bekehrung der Sachsen zum Christenthum." Hübners Gesprächsspiele und auch sein Schauspiel erschienen in dessen „Oratoria, zur Erleichterung der Information abgefaßt." Leipzig, J. F. Gleditschens seel. Sohn.

Rektor der Johannisschule, führte die deutschen Gesprächsspiele ein und gab denselben schon eine etwas mehr dramatische Ausbildung. Als Schüler und Freund des bedeutenden Pädagogen und Schulspieldichters Christian Weise, legte er gleichfalls auf die Kunst der Rede einen hohen Wert und als ein freisinniger deutschliebender Mann, hielt er sich auch verpflichtet seine Muttersprache zu pflegen, welche damals auf den meisten Schulen noch vollständig vernachlässigt wurde. In seiner kurzen Anleitung zur deutschen Poesie sagt Hübner von der Beredsamkeit:

> Die Zunge bringet Ehre,
> Wenn sie ein kluger Mann
> Vernünftig führen kann;
> Drum merket diese Lehre:
> Verlangt ihr Menschen-Gunst,
> So lernt die Redens-Kunst!

Nachdem endlich bei der Renovation des Schulgebäudes im Jahre 1714 auch das Auditorium umgebaut und vergrößert und darin eine besondere Rednerbühne errichtet worden war, eröffnete Hübner am 3. Januar des folgenden Jahres, um fünf Uhr abends, den neuen „Schauplatz der Beredsamkeit" mit einer deutschen allegorischen Redeübung von den christlichen Tugenden. Diese Redeübung bestand eigentlich aus drei Abteilungen, welche von dem Prologus mit einer feierlichen Rede zur Einweihung des neuen oratorischen Schauplatzes eingeleitet wurden. Die erste Abteilung bestand aus einem szenischen Vorspiel, „Vor-Gespräche von der höchsten Glückseligkeit eines Menschen", in dem der Lehrmeister Prudentius „seine vier Untergebene von ganz unterschiedenen Gemüths-Neigungen", den ehrgeizigen Philotimus, den geldgierigen Chrysander, den lebenslustigen Philanthropus und den trägen Misanthropus zu einer vernünftigeren Lebensweise zu bekehren versucht und sie durch eigne Anschauung überzeugen will, daß allein nur der Besitz der Tugenden zur höchsten Glückseligkeit führen könne. In der zweiten Abteilung erscheinen nun die zehn Haupttugenden nach einander auf dem Schauplatze und jeder einzelne Darsteller derselben hält über die ihm zuerteilte Tugend einen längeren moralphilosophischen Vortrag, ausgestattet mit zahlreichen biblischen und geschichtlichen Beispielen, zuweilen auch mit etwas Witz und Satire. Die Liebe eröffnete den Reigen mit der Anrede „Hochzuehrende Patronen!" und die Dankbarkeit beschloß denselben mit den Worten: „Wohl dem, der Freude an seinen Kindern erlebt!" Auf diese Vorträge folgte als Nachspiel die „Fortsetzung des Gesprächs mit denen vier Kindern." Prudentius stellt darin ein Examen mit seinen Zöglingen an, ob sie auch alles recht begriffen haben und verscheucht die noch vorhandenen Bedenken. Mit einem gereimten Neujahrs-Glückwunsch auf Kaiser, Reich und Vaterstadt und dem folgenden Epiloge endete das deutsche Gesprächsspiel:

Theatrum gute Nacht! so sag ich auf die letzt,
Nachdem die Jugend sich zur Gnüge hat ergötzt.
Ihr Eltern, die ihr habt der Schulen anvertraut
Ein Kind, auf welches ihr den Trost des Alters baut;
Seht diese Jugend Lust gleich als ein Vorspiel an,
Daraus man mit der Zeit was gutes hoffen kan.
Es wird euch allerseits, als wie dem Gärtner gehn,
Wo jetzt nur Blüten sind, da werden Früchte stehn.
Ihr Kinder die ihr habt die Musterung passirt,
Hört auch zu guter letzt; was euch zu thun gebührt:
Mit bloßen Worten ist es hier nicht ausgericht,
Man ist noch nicht ein Christ, wenn man gleich Christlich spricht.
Weh euch! wo alles nur auf Heucheley beruht,
Hingegen selig seyd ihr, wo ihr solches thut.
Ihr andern, die ihr habt uns Kindern zugehört,
Ihr wisset nun, was man in unser Schulen lehrt:
Ihr hört, wie innerlich gewiesen wird die Pflicht,
Ihr seht, wie eußerlich der Leib wird abgericht:
Geht hin und saget das den Lästermäulern an,
Den man in Schulen nichts zu Dancke machen kan.
Du aber, lieber Mann! der du hier Lehrer bist,

Ich seh, wie dein Amt voll Müh und Arbeit ist!
Ich habe mich ja wohl den Musen consecrirt,
Ich schreib auch den nicht vor, der alles dirigirt;
Das aber bitt ich mir in tiefster Demuth aus,
GOtt mache, was du wilt, nur keinen Schulmann draus!
Indessen werther Mann! weil du an solcher Last,
Die du dir selbst erwehlt, auch dein Vergnügen hast:
So gratulir ich dir, weil du versichert bist,
Daß Gottes Segen auch bey deiner Arbeit ist,
GOtt siehet, was du must an fremden Kindern thun;
Ein Segen wird davor auf deinem Hause ruhn:
Und stellt sich auch der Lohn in dieser Welt nicht ein,
So wird die Krone doch dort so viel schöner seyn.
GOtt steh indessen bir mit seiner Gnade bey,
Damit dein Alter so wie deine Jugend sey!
Er unterhalte dich durch seine Kraft und Macht
Ich sage weiter nichts: Theatrum gute Nacht!

Schon am 31. Dezember hatte Hübner in einem deutschen Einladungsprogramm (in Folio auf vier Seiten) die Eröffnung des neuen „Oratorischen Schauplatzes" angezeigt, worin er zugleich den deutschen Sprachgebrauch entschuldigt und den Wert der Redeübungen hervorhebt. Am Neujahrstage wurde noch einmal in einem ähnlichen Programme eingeladen und darin auch die Namen der mitwirkenden Schüler und ihrer Rollen bekannt gemacht. In dieser Redeübung traten siebzehn Schüler auf. Am 7. und 10. Januar fand eine Wiederholung, mit größtenteils veränderter Besetzung, statt. Bei jeder Vorstellung wurden abends noch besondere Zettel am Eingange verteilt, auf denen Tag, Stunde und Ort der Aufführung, wie auch die Namen und Rollen der vortragenden Schüler bezeichnet waren.

Noch mehrmals während seines Rektorates ließ Hübner deutsche und lateinische Redeübungen aufführen; aber sein anfänglicher Eifer für dieselben scheint durch mancherlei trübe Erfahrungen bald abgekühlt worden zu sein. Auch der Subkonrektor Friedrich Wideburg veranstaltete (von 1715 bis 1721) mit den Schülern der zweiten Klasse alljährlich im Frühjahr öffentliche Redeübungen in deutscher und lateinischer Sprache, welche meist in Vorträgen über Schulwesen, Erziehung und Bildung, wie auch über Tugend und Laster bestanden, und deren Tendenz besonders auf die Abschaffung des Privatunterrichtes und der Winkelschulen gerichtet war. Diese Redeübungen des Subkonrektors hatten ebenfalls stets einen Pro- und Epilog und wurden in der Regel zuerst lateinisch gegeben und dann deutsch wiederholt. Die Aufführungen fanden in der Wohnung des Subkonrektors auf dem Plan, gewöhnlich im Februar oder März, zwischen fünf und sechs Uhr abends beginnend, statt und wurden durch gedruckte „Nachrichten", auf einem halben Bogen, bekannt gemacht.

In immer größerer Annäherung an die Schulkomödie ließ Wideburg am 5. und 7. Februar 1720 ein lateinisches Lustspiel „Actio comica de nimia parentum indulgentia" von zwanzig Schülern aufführen und am 19. und 21. desselben Monats in deutscher Sprache wiederholen, unter dem Titel: „Die höchst-schädliche Verzärtelung, wodurch viele Eltern ihre Kinder in Grund verderben." Am 17. und 19. Februar des folgenden Jahres wurde ein lateinisches Lustspiel de Aretophilo gegeben und am 5. und 6. März als „Der wohlerzogene Jüngling" deutsch wiederholt.

Am Gymnasium waren die dialogisierten Redeübungen in dieser Zeit ebenfalls wieder in Aufnahme gekommen. Zunächst ließ Professor Fabricius daselbst einige lateinische Gespräche abhalten, zu denen auch ihm die Erinnerungstage der Reformation (1717 und 1730) eine besondere Veranlassung boten.

Die gesteigerte poetische und theatralische Stimmung in Hamburg, im Anfang des achtzehnten Jahrhunderts, machte sich auch in den Schulen, in zahlreichen Gelegenheitsgedichten und in den Redeübungen bemerkbar; auch die eifrigere Pflege der deutschen Dichtkunst und Beredsamkeit übte einen wesentlichen Einfluß aus; noch mehr aber die wachsende Opernpassion.

Seit dem Jahre 1722 hatte die Hamburger Oper unter dem aristokratischen Direktorium einen neuen Aufschwung genommen und dadurch hatte sich dieselbe auch wieder neue und bessere musikalische und poetische Talente erworben. Unter diesen befanden sich auch einige Gelehrte des Johanneums. Am eifrigsten widmete sich der Kantor und Musikdirektor der Johannisschule Georg Philipp Telemann dem Opernunternehmen; er dichtete und komponierte eine große Anzahl Singspiele, Intermezzos, Festspiele und Prologe. Auch der fruchtbare Gelegenheitsdichter Michael Richey[1], Professor der Geschichte und griechischen Sprache am Gymnasium, beschäftigte sich mit der Oper und war dadurch in freundschaftlichen Verkehr mit dem hier hochverehrten Operndichter Johann Ulrich König getreten.

---

[1] Richey, in Hamburg am 1. Oktober 1678 geboren, als Sohn eines geachteten Kaufmanns und Bürgerkapitains, hatte die Johannisschule und das Gymnasium besucht und dann in Wittenberg studiert. Hierauf wurde er Rektor in Stade. Im Jahre 1713 kehrte er nach Hamburg zurück, wo er die Bekanntschaft vieler Gelehrten und Künstler machte. Im Januar 1715 begründete er hier mit seinen Freunden Brockes und König die deutsch übende Gesellschaft, zur Verbesserung und Pflege deutscher Sprache und Poesie, welche jedoch nur drei Jahre bestand; in demselben Jahre traten Hübner und Fabricius dem Vereine bei. Im Jahre 1717 erhielt Richey die Professur am Gymnasium und wurde dadurch bis zu seinem Tode, am 10. Mai 1761, an Hamburg gefesselt. Der Verkehr mit König und der fleißige Besuch der Oper hatten ihn wahrscheinlich zur Singspieldichtung angeregt. Er verfertigte eine große Anzahl von Tafel- und andern Festspielen, Serenaten und Oratorien, auch für Schulfeierlichkeiten, welche im zweiten Teile seiner Gedichte (Hamburg 1764) gesammelt worden sind. Richey war auch Mitbegründer der Patriotischen Gesellschaft.

Als im Jahre 1730 der Gedenktag der Augsburgischen Konfession gefeiert werden sollte, verfertigte Richey dazu zwei dramatische Singgedichte, welche wahrscheinlich von Telemann komponiert und einstudiert wurden. Am Vormittage wurde in dem ersten „Oratorium" das Schultheater von der Beredsamkeit, Poesie und Musik in folgender Weise eingeweiht:

Aria Tutti:	Sey gegrüsset, edle Feier,
	Tag, den uns der HErr gemacht!
	Was uns heilig, werth und theuer,
	Was wir froh und frey bekennen,
	Kan sich nun, durch GOttes Fügen,
	Schon zweyhundert-jährig nennen.
	O Vergnügen!
	Das uns aus uns selbst gebracht. (Da Capo.)
L'Eloquenza:	Kan hier der Mund zum schweigen sich verpflichten?
La Poesia:	Enthält sich hier das Hertz ein feines Lied zu tichten?
La Musica:	Soll hier ein Saiten-Spiel verstummt und müßig sein?
Tutti:	Nein! Freud und Andacht sagen nein!

Psalm 118, Vers 1: Dancket dem HErrn: Denn Er ist freundlich, und seine Güte währet ewiglich.

L'Eloquenza:	Es sage nun das dritte Saeculum;
La Poesia:	Es sage dieß Gymnasium;
La Musica:	Es sage, was in unsrer Stadt
	Vernunfft und Odem hat:
Tutti:	Seine Güte währet ewiglich.
L'Eloquenza:	Allmächtiger,
	Es wende sich dein Aug auf diese Werckstat her,
	Allwo du selbst
	Gelehrter Zungen Meister bist,
	Und deine Furcht der Weisheit Anfang ist.
	Hier eifert jetzt ein heil'ger Helicon
	Dem Jubel-vollen Zion nach,
	Und will dein Lob durch Wort und Klang erheben.
	Ich soll davon
	Ein redend Zeugniß geben.
	Doch ach!
	Der Vorwurff ist zu starck, die Krafft zu schwach.

Aria: Ich rede, HErr, von deinen Thaten
Wiewol sie unaussprechlich sind.
Kein Wiz erreicht die Werke deiner Hände;
Barmherzigkeit hat noch bey dir kein Ende,
Und deine Treu ist groß auf Kindes-Kind. (Da Capo.)

In einem Lobgedichte drückte dann die Poesie ihre Freude aus, daß das Licht der Wahrheit die Finsternis des Aberglaubens siegreich durchbrochen und bisher in Hamburg unbewölkt und hell geleuchtet habe; hierauf wurde eine „Aria" zum Preise der Reformation gesungen und in dem folgenden Finale wurde das neue Schultheater den Engeln Gottes anempfohlen und mit einem Chorale geschlossen:

Aria: Erhabne Seraphinen,
Kommt, weihet unsre Bühnen,
Und stimmt mit Engel-Zungen ein.
Durch schwacher Menschen Chöre
Will GOttes Wunder-Ehre
Kaum würdig gnug besungen seyn.

L'Eloquenza: Es wird ja doch ein unberedtes Lallen
Dem Höchsten nicht mißfallen.

La Poesia: Die Andacht soll im Herzen beten,
Und vor den Himmels-Thron
An schöner Worte Stelle treten.

La Musica: Der Glaube mag den allerbesten Thon
Vor GOttes Ohren bringen.

Tutti: O HErr, so hilff! O HErr laß wol gelingen.

(Choral): Thu' auf den Mund zum Lobe dein;
Bereit das Herz zur Andacht sein.
Den Glauben mehr, stärk den Verstand,
Daß uns dein Nahm werd wol bekandt.

Am Nachmittage wurde die Feier mit einer Rede fortgesetzt und dann mit dem zweiten Oratorium beschlossen. In diesem Singgedichte wird von der Frömmigkeit (Pietà) die Güte Gottes, von der Fröhlichkeit (Allegrezza) das Evangelium, in Versen, Arien und Psalmen gepriesen, während die Beständigkeit (Constanza) den Wunsch ausspricht, daß die beiden ersten in Hamburg stets erhalten bleiben mögen. Zum Schluß wird in üblicher Weise Hamburg gerühmt und gesegnet und die unvermeidliche Aria gesungen.

Wie bei der Hamburger Oper wurden auch bei den musikalischen Schulaufführungen Textbücher ausgegeben. Das betreffende Textbuch zu dieser Aufführung (in Quartformat auf acht Seiten) führt folgenden vielsagenden Titel: „Denen Hamburgischen Kindern Korah, als dieselben zum Lobe GOttes, und zum Jubel-feyerlichen Andenken der vor zwey hundert Jahren ans Licht gebrachten, und bis daher gnädiglich bey uns erhaltenen reinen und unveränderten Augsburgischen Confeßion, bey denen in unserem hochmildest erhelleten und ausgezierten Gymnasio den 26. Junii Ao. 1730 öffentlich gehaltenen Reden, von ihrer neuerbauten Bühne zum ersten mahle sich hören ließen, legte folgende Worte in den Mund Michael Richey, P. P." — Ähnliche Singgedichte wurden später bei verschiedenen Festlichkeiten, besonders von Richey und Telemann, im Gymnasium aufgeführt, wie bei der Einweihung des neuen Schulgebäudes (1751) und zur Gedächtnisfeier des Religionsfriedens (1755).

An der Johannisschule gelangten die Schuldarstellungen noch einmal zu einer größeren Bedeutung unter dem Rektorate des Operndichters J. S. Müller, der seinen deutschen Redeübungen wieder dramatischen Odem einhauchte und dem herrschenden Operngeschmacke möglichst Rechnung trug. Dadurch wurden die Vorstellungen in der Johannisschule zu einer allgemein beliebten und zahlreich besuchten öffentlichen Abendunterhaltung der Hamburger. Der Andrang des Publikums zu den Müllerschen Gesprächsspielen war so stark, daß es überhaupt als ein besonderes Glück galt, eine Einlaßkarte zu erhalten und eine Soldatenwache am Eingange zum

Auditorium dem stürmischen Zulaufe wehren mußte. Auch bei dem weiblichen Geschlecht fanden die Aufführungen großen Beifall und Müller mußte demselben wiederholt das Opfer auferlegen, ohne die damals modernen Reifröcke zu erscheinen, damit sie den beschränkten Raum im Auditorium nicht ungebührlich überfüllten. Die Schulbarstellungen erregten das allgemeine Interesse in so hohem Grade, daß nicht nur die Hamburgischen gelehrten und politischen Zeitungen (namentlich die Hamburgischen Berichte, die Niedersächsischen Nachrichten und der Hamburgische Correspondent), welche damals die theatralischen Aufführungen noch nicht erwähnten, über die Müllerschen Gesprächsspiele Bericht erstatteten, sondern auch die beliebtesten Redeübungen auf Verlangen in mehreren Auflagen gedruckt erschienen und in auswärtigen gelehrten Zeitschriften äußerst günstige Rezensionen und weitere Empfehlung erhielten. Schon in seinen früheren Wirkungskreisen, als Rektor in Ülzen und als Konrektor in Hannover hatte Johann Samuel Müller[1] dramatische Ge-

---

[1] Müller wurde am 24 Februar 1701 in Braunschweig, als Sohn eines Lehrers der dortigen Katharinenschule, geboren. In seiner Vaterstadt erhielt er die erste Anregung zur dramatischen Dichtkunst durch die Schulbarstellungen, die herzogliche Oper und zahlreiche Wanderkomödianten. Schon in der Schule hatte er sich durch seine Gedichte hervorgethan, von denen einige sogar von Menantes in dessen Monatsschrift "Gedichte berühmter und geschickter Männer, aufgenommen wurden. Im achtzehnten Lebensjahr verließ er die Schule in Braunschweig mit einer poetischen Abschiedsrede, in welcher er zugleich dem neuen Herzoge einen Glückwunsch zum Regierungsantritt darbrachte; hierdurch erwarb er sich nicht nur ein reiches Geschenk und Stipendium zum Besuch der Universität Helmstedt, sondern lenkte auch die Aufmerksamkeit des Herzogs auf sein poetisches Talent. Auf besonderen Wunsch verfaßte Müller 1729 in Helmstedt, für die herzogliche Oper, sein erstes Libretto „Don Quixotte", welchem nach und nach zehn andre Singspiele folgten, teils Originale, teils italienische Übersetzungen. Im folgenden Jahre siedelte Müller nach der Universität Leipzig über, nahm aber bald darauf eine Hofmeisterstelle bei einem Kriegsrate an, welche er mehrere Jahre bekleidete. Im Jahre 1725 gab Müller diese Stellung auf und ging, nach kurzem Aufenthalte bei seinen Eltern, nach Hamburg, wo er

sprächsspiele verfaßt und von seinen Schülern mit Beifall zur Darstellung bringen lassen. Als er im Jahre 1732 von Hannover nach Hamburg, an Stelle des verstorbenen Rektors Hübner berufen

wieder eine Anstellung als Hofmeister bei dem herzoglich schleswigschen Oberkammerherrn und Konferenzrat von Röpstorf erhielt, aber nur wenige Wochen bekleidete. Während dieses kurzen Aufenthaltes trat Müller mit der Hamburger Oper in Verbindung und verfaßte für dieselbe die lokalgeschichtliche Oper „Mistevojus", welche die Zerstörung Hamburgs im elften Jahrhundert durch die Wenden behandelt; dieselbe kam im folgenden Jahre, von Keyser komponiert, zur Aufführung. Müller verließ Hamburg, um einer Berufung als Rektor in Ülzen Folge zu leisten, und brachte in den fünf Jahren seiner dortigen Thätigkeit die schon vorher berühmte Schule zu neuem Glanze. Alljährlich wenigstens einmal ließ er dramatische Gesprächsspiele aufführen, vielleicht nach dem Vorbilde des Rektors Kraut in Lüneburg. Im Jahre 1730 erhielt er einen ehrenvollen Ruf als Konrektor der Altstädter Schule in Hannover und auch hier fanden seine Redeübungen großen Beifall (der dramatische Festaktus zur Erinnerung an die Zerstörung Magdeburgs mußte auf allgemeines Verlangen dreimal wiederholt werden). Da Müller in Hannover dem königlichen Schloßtheater gegenüber wohnte, so gehörte er mit seiner ersten Gattin auch zu den eifrigsten Besuchern des französischen Schauspiels, bis ihn eine Theaterpanik davon abschreckte, welche bei einer Lustspielaufführung (Ende November 1731), durch einen kleinen Feuerlärm entstanden war und leider für seine Gattin üble Folgen hatte. Im Jahre 1732 kam er nach Hamburg und erwarb sich hier bald das Vertrauen des Rates und der Bürgerschaft in vollem Maße, welches ihm auch bis zu seinem Tode, am 7. Mai 1773, verblieb. Er wurde als ein gelehrter und geschickter Mann von vorzüglichen Gaben des Geistes und Herzens gerühmt und besonders wegen seiner guten und doch strengen Schulzucht geschätzt. In Hamburg trat Müller in vertrauten Verkehr mit den Dichtern Hagedorn und Brockes und widmete auch der Oper ein lebhaftes Interesse. Von seinen elf Singspielen — Don Quixote (zwei Teile), Das eroberte Jerusalem, Rudolphus Habsburgicus, Ascanius, Mistevojus, Pharao und Joseph, Magnus Torquatus, Miriways (von Telemann komponiert), Ornospades, Polidorus und Otto puer (nach seinem Ülzener Gesprächsspiel) — waren mehrere mit Beifall in Hamburg aufgeführt worden. Pharao und Joseph wird von Mattheson sehr gerühmt und in dem Musikalischen Patrioten umständlich beschrieben; er stellt dieselbe darin als Muster einer guten, zur Erweckung der Tugenden dienende Oper dar. Miriways wird von Fuhrmann besonders hervorgehoben. Schütze (Hamburgische Theatergeschichte, S. 156) sagt von Müllers Operndichtungen: „Sittlichkeit und Wohlanstand ward durch ihn minder, der Geschmack eben so sehr beleidigt."

wurde, war er schon als Operndichter bekannt; auch in Hamburg waren bereits einige seiner Singspiele erfolgreich zur Aufführung gekommen. Da nun in der Johannisschule die Anwendung der Redeübungen längst wieder in Aufnahme gekommen, auch schon deutsche, sogar dramatische Gesprächsspiele unter Hübner abgehalten worden waren, konnte Müller dieselben ebenfalls aufführen lassen, und dazu trieb ihn nicht nur seine große Vorliebe für die dramatische Dichtkunst, sondern auch die Hochschätzung der deutschen Beredsamkeit, zu deren gründlichem Studium die Gesprächsspiele dienen sollten. Müller wußte denselben durch größere dramatische Ausbildung, abwechselnde ernste, heitere und satirische Vorträge, Einführung komischer Figuren, Anwendung von Musik- und Gesangseinlagen ein erhöhtes, allgemeineres Interesse zu verleihen und veranstaltete in Hamburg fast alljährlich, ein bis zweimal, Aufführungen einer dramatischen Redeübung, welche er als „Actus dramaticus" oder „Actus oratorio dramaticus" bezeichnete.

Die Müllerschen Redeübungen bestanden aus einem eigentümlichen, oft sehr geschmacklosen Gemisch von Handlung und Erzählung, aus mehr oder weniger zusammenhängenden historischen und philosophischen Gesprächen, abwechselnd in lateinischer und deutscher Sprache, in Prosa und Poesie, in Humor und Satire und wurden teilweise von den Schülern selbst ausgearbeitet. Die dichterische Freiheit wurde hierin im höchsten Maße ausgebeutet. Die Stoffe waren den wichtigsten Ereignissen der Weltgeschichte, namentlich aus dem griechischen und römischen Altertume, aber auch aus dem Mittelalter und der neueren Zeit, sogar aus der Lokalgeschichte, entnommen. Es erschienen darin oft zu gleicher Zeit berühmte Persönlichkeiten verschiedener Zeiten und Völker, welche ihre Handlungen und Anschauungen gegen einander verfochten. Auch die alten Repräsentanten des Humors in der Schulkomödie, der im Küchenlatein redende Mönch und der niederdeutsche Bauer, wurden in den Gesprächsspielen wieder eingeführt. Die Einteilung geschah gewöhnlich nach drei „Handlungen", denen stets ein einleitender Prolog voranging und ein danksagender und beglückwünschender Epilog folgte. Die Übungen waren für eine größere Anzahl Schüler berechnet und boten einem jeden Gelegenheit zu längeren Vorträgen. Jede „Handlung" wurde mit einem Chorgesang (Aria) geschlossen, in welcher dem Publikum die Moral derselben, oft in komischer oder satirischer Färbung, vorgesungen wurde; die beliebtesten Arien wurden gewöhnlich auch in andre Gesprächsspiele, oft unverändert, wieder eingefügt.

Die Art und Weise der Aufführung war ähnlich wie bei den Hübnerschen und Wibeburgschen Redeübungen. Die Vorstellungen fanden gewöhnlich im ersten oder letzten Vierteljahre, in der Zeit vom Januar bis März, oder vom Oktober bis Dezember, von vier bis acht Uhr abends, im Auditorium statt. Jede Redeübung wurde nach der Anzahl der spielfähigen Primaner und dem Beifall des Publikums, ein bis drei Abende wiederholt. Zu jedem Cyklus von Vorstellungen wurde ein Programm in Folio von mehreren Seiten ausgegeben, dessen Titelblatt eine Einladung in lateinischer Sprache enthielt, während auf den vier letzten Seiten ein „kurzer Entwurf" in deutscher Sprache enthalten war, unter Angabe von Zeit und Ort der Aufführungen, Namen der handelnden Personen und der jedes Mal mitwirkenden Schüler (nebst Wohnort ihrer Eltern) und des vollständigen Szenariums. Abends wurde noch am Eingange, wahrscheinlich gegen eine kleine Vergütung, der Text der Arien, auf einem besonderen Foliozettel, verabreicht. Der Zutritt war jedermann gestattet, jedoch war die erste Vorstellung (Ratskomödie) insbesondere für die Schulpatrone und die Angehörigen der Schüler bestimmt. Am Eingange wurden freiwillige Gaben, als Beitrag zu den Kosten in Empfang genommen, welche gewöhnlich noch einen hübschen Überschuß für den Rektor abwarfen.

Einen größeren Reiz erhielten die Redeübungen durch Vokal- und Instrumentalmusik; sowohl in der Handlung und bei den Arien, als auch in den Zwischenakten kam Musik zur Anwendung. Die Arien wurden zuerst von Telemann komponiert und mit den Chorschülern einstudiert; nach dessen Tode übernahm der neue Kantor und Musikdirektor der Johannisschule, Karl Philipp Emanuel Bach, die Komposition und Leitung des musikalischen Teiles der Schuldarstellungen.

Von den zahlreichen Gesprächsspielen, welche Müller in der Johannisschule veranstaltete — die Programme und Arienzettel sind teilweise erhalten und werden in der hiesigen Stadtbibliothek aufbewahrt — sollen hier nur diejenigen Erwähnung finden, welche die fortschreitende Ausbildung derselben kennzeichnen.

Müller eröffnete seine Redeübungen mit einem philosophischen Gespräche von den alten Weltweisen (auf dem Titelblatte zu dem lateinischen Programme als „Actus dramaticus de sectis veterum philosophorum" bezeichnet) in drei Handlungen mit Musik- und Gesangseinlagen, in welchem verschiedene Philosophen ihre Weltanschauungen gesprächsweise verteidigten. Den Schluß machte ein Epilog in Versen auf Hamburgs Wohlergehen. Dieses Gespräch wurde am 1. und 2. Oktober 1733, nachmittags vier Uhr, zuerst aufgeführt, und zwar mit solchem Beifalle, daß Müller im folgenden Jahre einen zweiten Teil folgen ließ und beide Teile auch noch später wiederholt zur Aufführung brachte. Im Jahre 1735 erschienen diese Redeübungen gedruckt; nach vierzehn Jahren wurden sie in verbesserter Auflage wieder herausgegeben. In den Leipziger Beiträgen „zur Critischen Historie der deutschen Sprache" erhielten sie im zehnten Stücke folgende rühmliche Erwähnung: „Der Herr

Rektor Müller hat in diesen Gesprächen nicht nur seine Geschicklichkeit, ein gutes Gespräch zu machen, sondern auch seine Stärke in der deutschen Sprache bewiesen, die er gewiß so rein, fließend und angenehm schreibt, als man es fordern kan. Er ist fast der erste Schulmann, von dem man dieses rühmen kan, und es ist zu hoffen, daß mehrere seinem Exempel folgen werden. Es wäre zu wünschen, daß uns der Herr Verfasser einige Gespräche Platons deutsch liefern möchte."

Die Gespräche des Plato wurden im November 1735 zweimal aufgeführt und erschienen wirklich im folgenden Jahre unter dem Titel: „Auserlesene Gespräche des Plato." In dieser Redeübung war ein bezügliches Zwischengespräch: „Der Nebenbuhler" geschaltet; nach der zweiten Handlung wurde die folgende anzügliche „Aria" gesungen:

>In Schulen auch verkauft man Wind.
>Noch heutzutage giebts Sophisten,
>Die sich mit ihrer Weisheit brüsten;
>Wenn man es aber untersuchet,
>Alsdann wird der Betrug verfluchet;
>Doch, wer nicht sehen kann ist blind,
>In Schulen auch verkauft man Wind.

Komische Figuren erscheinen zuerst in der Redeübung aus der älteren Hamburgischen Geschichte, welche am 10. und 11. Januar 1737 aufgeführt wurde. In der zweiten Handlung ist ein komisches Gespräch eingelegt, worin „Sebald, ein Mönch, erzählet einem andern, (Cuno), was ihm auf der Reise nach dem Gelobten Lande, welche er in Erz-Bischofs Hartwich des Zweyten Gesellschaft verrichtet, begegnet sey, und was er für Heiligthümer mit herausgebracht habe. Sie reden Mönchs-Latein." Zum Schluß der dritten Handlung wird im Programme angekündet, daß „Ludewig und Lorenz, halten ein Gespräch von der Kinder-Zucht." In diesen Zwischengesprächen wurden mit Vorliebe soziale und politische, namentlich auch pädagogische Übelstände der Neuzeit besprochen und bespöttelt.

In dem folgenden Gesprächsspiel vom Tode des Sokrates, welches am 6. und 7. Februar 1738 zuerst, mit großem Beifalle, dargestellt wurde, sind, neben andern komischen Figuren, auch zwei plattdeutsche Rollen, unter dem Namen Sebald und Lorenz, eingeführt. In dem „Inhalt der Red-Uebung" sind in der dritten Handlung die folgenden beiden Zwischengespräche angekündigt:

„Rudolf und Sebald (Jacob Heinrich Lüders und Wilhelm Friedrich Lütjens, aus Neversdorf in Holstein) urteilen von gegenwärtiger Red-Uebung. Der letzte redet Plabdeutsch."

„Ludewig und Lorenz (Lüder Mencke und Johann Philipp Holzen) halten ein Gespräch von der Red-Uebung, welche in vorigem Jahre gehalten worden. Der letzte redet Plabdeutsch."

In der zweiten Handlung hatten schon „Misch-Masch" und „Vernünftig" von „allerhand Dingen" geplaudert und dazwischen philosophierte Sokrates und leerte heroisch den Giftbecher. Wahrscheinlich haben diese geschmacklos eingeschobenen Nebengespräche gerechten Anstoß erregt; denn in den folgenden Gesprächsspielen sind die komischen Figuren viel spärlicher vertreten; dagegen finden die komischen Arien häufigere Anwendung und diese wurden bei besonders beifälliger Aufnahme in andre Redübungen wieder eingelegt, wie die zweite Arie aus dem Gespräche vom zweiten punischen Kriege (im Januar 1741 aufgeführt):

> Werft dem armen Frauenzimmer
> Doch nicht immer
> Ihren Trieb zum Plaudern vor! —
> O, wie viele Männer zeigen,
> Daß nichts schwerer ist, als Schweigen!
> Was verursacht auf dem Herzen
> Ein Geheimniß nicht für Schmerzen!
> Wie sucht es ein offnes Thor

>Werft dem armen Frauenzimmer
>Doch nicht immer
>Ihren Trieb zum Plaudern vor.

Ebenso wurde die folgende realistische Arie aus der Redeübung vom macedonischen Könige Perseus (im Januar 1743 dargestellt) später wiederholt:

>Schmeichelnde Lieder, bezaubernde Töne!
>Ihr klingt schön, klingt wunderschöne,
>Schöner aber noch ein guter Sack voll Geld.
>Nach so angenehmen Klängen
>Pflegt ein jeder sich zu drängen,
>Die Musik liebt alle Welt.

Weibliche Rollen vermied Müller in seinen Gesprächsspielen; nur in der Redeübung „vom Kayser Nero" (zuerst vom 12. bis 15. Februar 1748 mit großem Erfolge aufgeführt) konnte er die Agrippina nicht fehlen lassen, bemerkte jedoch in der Entschuldigung auf dem Programme ausdrücklich: „Aber deswegen ist es nicht nöthig, daß sie in Frauen-Kleidern erscheine."

Der alljährlich wachsende Besuch der Gesprächsspiele läßt sich in den häufigeren Wiederholungen derselben erkennen. Bis zum Jahre 1738 fand alljährlich nur eine Redeübung statt, welche einmal wiederholt wurde. Im Jahre 1739 erhielt das Gespräch vom siegreichen Karthago und besiegten Rom solchen Beifall, daß es vier Mal hinter einander (vom 19. bis 22. Januar) gegeben werden mußte und vom 2. bis 5. November d. J. noch eine Fortsetzung folgen konnte, als Redeübung vom zweiten punischen Kriege, zweiter Teil. Von nun an wurden fast in jedem Jahre zweimal vier Aufführungen veranstaltet.

Der stets zunehmende Andrang des Publikums und besonders auch die Neugierde des weiblichen Geschlechtes machte verschiedene Verordnungen nötig; so bemerkt Müller auf dem Programm vom Januar 1749 bei einer Aufführung des Gespräches der Weltweisen:

„.... Da man auch bemühet ist, der durch den gar zu starken Zulauf bisher verursachten Unordnung nach Vermögen vorzubengen, so dienet folgendes zur Nachricht.

1) Wird die Red-Uebung am ersten Tage hauptsächlich vor Einen Hochweisen Raht und die übrigen ansehnlichen Collegia, an den drey folgenden aber auch vor Dames aufgeführet.
2) Das Johanneum wird nicht eher, als halb vier Uhr, geöffnet.
3) Die Wache, sowohl der äussern, als der innern Thüren hat Befehl, keine Dienstboten, auch nicht unter dem Vorwande, daß sie über Kinder Aufsicht haben sollen, einzulassen."

Die „Dames" verursachten dem Herrn Rektor noch manchen Verdruß, namentlich wegen ihrer Toilette. Vom Februar 1752 an (Programm zu dem Gespräch von den alten Gesetzgebern und Weltweisen), befindet sich noch folgende Bemerkung auf den Einladungszetteln: „Die Dames werden ersuchet, ohne Reifröcke zu erscheinen."

Bis zum Jahre 1753 wuchs der Zulauf zu den Müllerschen Gesprächsspielen mit jeder Aufführung. Die Anzahl der Kutschen war oft so groß, daß ihre Eigentümer eine Stunde lang warten mußten, ehe die Aufahrt ermöglicht werden konnte.[1] Auch der Beifall stieg. In den Poetischen Gedanken von politischen und gelehrten Neuigkeiten feierte ein Lobgedicht die betreffende Aufführung

---

[1] In dem Programme vom Jahre 1753 zu den Aufführungen der Redübung vom Kriege der Römer mit dem syrischen Könige Antiochus dem Großen, vom 19. bis 20. Februar, wird deshalb bemerkt und später mehrmals wiederholt: „Da auch einige bisher viele Stunden warten müssen, weil ihre Wagen nicht hervorkommen können, so wird auf Verordnung einer hohen Obrigkeit die Johannis-Kirche gegen das Ende der Red-Uebung geöffnet und

vom Kriege der Römer mit dem syrischen Könige Antiochus dem Großen. Doch fehlte es auch nicht an Tadlern, welche auf die Nachteile und Ungereimtheiten dieser Gesprächsspiele hinwiesen. Als der Konrektor Richerz im Juni 1753 seine Beschwerden über die Lehrmethode Müllers beim Scholarchate einreichte, nahm er darin besonders an den sogenannten dramatischen Redeübungen des Rektors Anstoß. Er behauptete, daß „Eitelkeit und Geldliebe die vornehmsten Triebfedern" bei diesen Redeübungen wären, und daß die Schüler dadurch fünf bis sechs Wochen von den wissenschaftlichen Studien abgehalten würden. Richerz wurde wegen seiner Uneinigkeit mit dem Rektor abgesetzt und Müller fuhr mit den Redeübungen bis zu seinem Tode ungehindert fort. Vom 2. bis 5. März 1773 ließ Müller zuletzt die beliebte Redeübung „vom Kayser Nero" von sechsundsechszig Schülern wiederholen.

Während des Müllerschen Rektorates erreichte die Vorliebe für die dramatische Dichtkunst in den Schulen Hamburgs ihren höchsten Grad. Nicht nur in den Schuldarstellungen, sondern auch in der Teilnahme an den öffentlichen Schaubühnen, namentlich für die Schönemannsche, Kochsche und Ackermannsche Gesellschaft gab sie sich kund. Lehrer und Schüler beschäftigten sich in verschiedener Weise mit dem Theater und traten in vertrauten Verkehr mit den Darstellern. Schütze erzählt in seiner Hamburgischen Theatergeschichte, daß er Konrad Eckhoff häufig in einem Kreise Hamburgischer Gelehrter, in einem damals beliebten Gartenhause vor dem Dammthore getroffen habe. Er erinnert sich besonders eines sehr

---

die Kronen darinn angezündet werden, damit diejenigen, denen solches bequemer ist, durch die achte Classe in dieselbe gehen, und ihre Kutschen in dasige Gegend bestellen können. Nach 7 Uhr wird die Schildwache, wie auch in vorigen Jahren geschehen, Unordnung zu vermeiden, keine Wagen von der großen Johannis-Straße nach dem Plan durchlassen, sondern diese werden über die alte Wall-Straße ihren Weg dahin nehmen müssen."

lebhaften Gespräches des berühmten Gymnasialprofessors Reimarus mit Eckhoff, in welchem jener den lernbegierigen Darsteller über philosophische Materien belehrte, und hebt die Hochachtung hervor, mit welcher jener große Gelehrte, wie auch andre bedeutende Männer, diesen Künstler auszeichneten. Die Schüler folgten dem Beispiele ihrer Lehrer und traten ebenfalls mit dem Theater in Verkehr; einige widmeten sich demselben später als Dichter oder Darsteller. Daniel Schiebeler, der nachmalige Kanonikus des Hamburger Domkapitels und bekannte Romanzendichter, verfaßte als Gymnasiast verschiedene Gelegenheitsgedichte und Vorspiele für die Kochsche Gesellschaft und gehörte auch zu den begeistertsten Verehrern der beliebten Darstellerin Johanna Christiane Starke. Auch Johann Ludwig Schlosser und Bernhard Christoph d'Arien beschäftigten sich schon auf dem Johanneum mit dramatischen Dichtungen. David Borchers, der Sohn eines hiesigen Schiffspredigers, eine leidenschaftliche Natur, entsagte den theologischen Studien und wurde Schauspieler; während viele andre talentvolle Schulagenten die Sterne der Liebhabertheater wurden.

Diese Schauspielleidenschaft in den Schulen wurde auch durch den neuen geistlichen Kampf gegen das Theater nicht vermindert, welcher sich zwischen dem Senior Goeze in Hamburg und dem Pastor und Lustspieldichter Schlosser in Bergedorf, im Jahre 1768 entspann; vielmehr trat bei dieser Gelegenheit ein Gymnasialprofessor, Heinrich Vincent Nölting, als eifrigster Verteidiger des Schauspiels hervor. Deshalb sprach Goeze in einer Adventspredigt auch von „Katheberkomödianten", welche durch ihr Vorbild und ihre Lehren die „Kanzelkomödianten", zu denen Schlosser gehörte, aufzögen.

Am Johanneum scheint man sich in dieser Zeit auch mit Weihnachtsspielen beschäftigt zu haben; da sich in den Schulakten ein höchst interessantes Manuskript eines solchen Stückes befindet, welches dem Scholarchate zur Begutachtung übergeben worden ist. Leider befindet sich keinerlei Bemerkung über den Verfasser oder die Aufführung in den betreffenden Akten. Wahrscheinlich stammt dieses Weihnachtsspiel aus der ersten Hälfte des achtzehnten Jahrhunderts und ist unter Hübners oder Müllers Rektorat eingereicht; vielleicht ist Müller oder Wibeburg der Verfasser.[1] Unzweifelhaft war das Stück für die Schuldarstellung bestimmt; ob dasselbe jedoch zur Aufführung gelangte, ist sehr fraglich, da der geistliche Zensor jedenfalls an der äußerst realistischen Darstellung der heiligen Handlung Anstoß genommen haben wird.

Die „Christ Comoedia" schildert in der Haupthandlung die Geburt des Heilandes, ist in vier „Actus" und mehrere „Scenen" eingeteilt und beschäftigt neunzehn handelnde Personen und einen Chor der Engel. Die ersten drei Akte stellen die Vorgänge in Bethlehem, während der Schätzung, bis zur Anbetung der Hirten, nach dem neuen Testamente dar. Neben den bekannten heiligen Personen Joseph, Maria und dem Engel Gabriel, erscheinen eine große Anzahl komischer, recht weltlicher Figuren. Da wird Matthäus, der Gastwirt zu Bethlehem, bei dem Joseph und Maria übernachten, als ein Pantoffelheld geschildert, dessen Frau Crocobilla ein vollkommener Hausdrache ist, welche dem Trunke ergeben, zankend und schlagend im Hause herumwirtschaftet. Der Hausknecht in diesem Gasthofe ist Schureck, ein Erzschelm, eine Art Hanswurst und Eulenspiegel, der sogar die heilige Familie zuweilen in recht unästhetischen Spähen foppt und durchaus nicht an den Messias glauben will. Ferner treten drei Bürger aus Nazareth auf, Zacharias,

---

[1] Wie mir Herr Pastor Dr. Berthean mitteilte, sind jene Schulakten wahrscheinlich um die Mitte des vorigen Jahrhunderts unter dem Senior Goeze gebunden worden; deshalb muß dieses Weihnachtsspiel also vor dieser Zeit eingereicht worden sein.

Tobias und Stephan, um zunächst über die traurigen Zustände in Juda zu klagen und schließlich ebenfalls von Schureck gepreßt zu werden. Bei der Verkündigung, die im zweiten Akt an die drei Hirten Runcus, Hachus und Rilpus und die drei Bauern Asmus, Grobian und Stolprian ergeht, wird denselben manche naive und derb komische Redewendung in den Mund gelegt. Die Bauern sind hier hochdeutsch geschrieben. Im dritten Akt erzählt zuerst Schureck in humoristischer Weise dem Publikum das Wunder der Geburt; dann erscheinen die Bauern und Hirten, auch die zahm gewordene Crocobilla und Matthäus zur Anbetung, wobei ebenfalls verschiedene possenhafte Bemerkungen von Schureck und den einfältigen Bauern gemacht werden. Schureck will z. B. den Bauern den Messias nur gegen ein Trinkgeld zeigen und die Hirten machen sich zum Schlusse des Aktes bittere Vorwürfe, daß sie sich nicht erkenntlich gegen den verkündenden Engel gezeigt und ihn nicht wenigstens eingeladen haben mit in die Schenke zu gehen. Neben den verschiedenen bekannten geistlichen Gesängen der Engel, ist auch für die Jungfrau Maria, zum Schlusse des ersten Aktes, die übliche Arie eingelegt, welche von derselben als Abendgebet, nach der Aufnahme in der Herberge, gesungen wurde:

> Nun der Tag erreicht sein Ende,
> Und die Nacht umgiebt das Haus,
> Gott ich breite meine Hände
> Gegen dir gen Himmel aus;
> Und befehle deiner Güthe
> Meinen Leib und mein Gemüthe.
>
> Laß die Engel bey mir Wachen,
> Die vor deinem Throne stehn,
> Und befiehl dem alten Drachen,
> Daß er muß zurücke gehn,
> Daß ich, nach vollbrachter Reise,
> Deinen großen Nahmen preise.

Denck indeß an mein Geschlechte,
Und an König Davids Stamm,
Denk an deine treuen Knechte
Jacob, Jsac, Abraham.
Send einmal den Trost der Väter
Den versprochnen Schlangentreter!

Ja du wirst dein Wort erfüllen,
Das du uns hast zugesagt.
Schaffs mit mir nach deinem Willen;
Du bist Herr und ich bin Magd.
Laß mich nur Genade finden,
Und behüte mich vor Sünden!

Der vierte Akt ist eigentlich ein komisches Nachspiel, in dem der Knecht Rupertus mit seinen drei Söhnen Antropophago, Misandropus und Ripsrapsig auftritt. Rupertus schickt seine Söhne aus, um nach ungezogenen Kindern zu suchen; da diese aber gerade sehr selten geworden, sollen sie ihm als Ersatz einen andren Taugenichts, irgend einen großen Flegel, bringen. Die drei jungen Ruperte bringen nun den Schureck angeschleppt, der erst in jämmerlicher Weise um Gnade fleht und dann die Geschichte seines Schelmentums erzählt. Dieselbe beginnt damit, daß er seinen Hauspräzeptor gefoppt; dann hatte er seines Vaters Erbteil durchgebracht; hierauf war er Hausknecht in Nazareth geworden, mußte aber daselbst toller Streiche wegen fortlaufen und kam so nach Bethlehem. Schureck versucht nun auch den Knecht-Ruprecht zu prellen; aber dieser will ihn nur dann frei lassen, wenn ihm Schureck einen noch größeren Schelm nachweisen kann.

Von den dramatischen Redeübungen in den Hamburger Nebenschulen, sind zwei Aufführungen namentlich deshalb von besonderem Interesse, weil darin auch das plattdeutsche Element vertreten ist und dieselben sich dadurch einen größeren Beifall erworben haben. Am 7. und 8. Dezember 1741, nachmittags um vier Uhr, ließ Albert Basilius Müller (der Bruder des Operndichters und Rektors Müller), welcher von 1739 an beinahe dreißig Jahre lang erster Lehrer der Michaelisschule war, in dieser Lehranstalt ein historisches Gesprächsspiel in drei Handlungen von dem Kaiser Friedrich Barbarossa — Actus oratorio dramaticus de Friderico I, imperatore augusto — von drei und zwanzig Schülern aufführen. In dem sechsten Auftritte der ersten Handlung erscheinen „Albernardus und Homobonus", zwei Bürger aus Lobi, dargestellt von J. H. v. Hagen und F. D. Streckenbach), „unterreden sich mit einander, daß sie die Mailänder bey dem Kaiser verklagen wollen. (Sie reden Platdeutsch)." Diese beiden Bürger erscheinen im achten Auftritte wieder in einer Audienz beim Kaiser, der ihnen auch seine Hilfe verspricht; im vierzehnten Auftritte der folgenden Handlung wiederholen die Bürger ihr Gesuch beim Kaiser. In demselben Akte befindet sich auch noch ein komisches Gespräch, in verdorbenem Latein, zwischen einem polnischen Edelmann und einem kaiserlichen Offizier, über den polnischen Krieg.

Einen ganzen Cyklus von größeren und kleineren deutschen dramatischen Redeübungen veranstaltete die Witwe Neumann mit ihren Schülern und Schülerinnen am 21. und 22. Oktober 1777, in ihrem Hause, vor einer „ansehnlichen Versammlung." Zur Aufführung gelangten elf „Redübungen", welche teilweise aus einzelnen Auftritten und kurzen Gesprächen, meist über bekannte Sprichwörter, teilweise aus kleinen Lustspielen, mit plattdeutschen Rollen, eingelegten Arien und Duetten, bestanden und deren Verfasser der beliebte Jugendfreund Johann Heinrich Röding[1],

---

[1] Röding wurde in Hamburg am 20. November 1732 geboren und starb daselbst am 27. Dezember 1827. Sein Wochenblatt für Kinder, das in sechs Bändchen 1775 bis 1777 erschien, enthielt zahlreiche Gesprächsspiele, Lust-

Lehrer an der St. Jakobischule war, der schon in seinem Wochenblatte für Kinder mehrere Gesprächsspiele in hoch- und plattdeutscher Sprache veröffentlicht hatte. Die Tendenz aller dieser Spiele ist auf die Erziehung der Kinder durch Eltern und Lehrer gerichtet; in denselben wird nicht nur den Kindern, sondern auch den Eltern manche gute Lehre erteilt. Die Sprache ist kindlich einfach gehalten. Die in den Lustspielen geschilderten Kindercharaktere zeugen von einer scharfen Beobachtungsgabe. Auch diese Vorstellungen wurden mit dem üblichen Entschuldigungsprolog, gesprochen von der kleinen „Demoiselle" Johanna Wilhelmina Friderici, eröffnet. Hierauf begann das Lustspiel „Der schuldlose Knabe", in welchem die Unzulängigkeit der Knabenerziehung durch eine Mutter und die Notwendigkeit einer strengen Manneszucht geschildert wird; dann folgte das Gespräch „Ueber die Lectüre und den Hausstand", das Lustspiel „Die Mädchenschule" und wieder zwei Gespräche: „Die Tugend lohnet sich selbst" und „Vom Selbsterkenntniß."

Das sechste Stück „Der großmüthige Bauerknabe", ein „Lustspiel" in zwölf Auftritten für vier Knaben und vier Mädchen, enthält auch zwei plattdeutsche Rollen: die Bäuerin Ilsabe, dargestellt von „Demoiselle" Niemand und deren Sohn Jürgen, von „Monsieur" Peter Friedrich Röding, dem Sohn des Verfassers, agiert. Das Stück richtet sich gegen die vorurteilsvolle Verachtung der Bauern von den Städtern. Der vornehme und wohlhabende Kaufmann Reich will den aufgeweckten gutherzigen Bauernjungen in sein Haus zum Gespielen seiner Kinder Gertrud, Amalie und Karl aufnehmen, nach dem Wunsche ihres Informators Lehrreich. Der Kaufmann verspricht dem Bauernknaben schöne Kleider, vortreffliche

---

spiele und Possen mit Liedern und plattdeutschen Rollen, welche sowohl für die Darstellung im häuslichen Kreise, als auch in der Schule dienen konnten.

Kost und gemeinschaftliche Erziehung mit seinen Kindern; aber dieser läßt sich trotz der glänzendsten Versprechungen nicht bewegen, seine arme alte Mutter und sein bescheidenes Dorf zu verlassen. In einem plattdeutschen Liede vergleicht er Stadt und Land in folgender Weise:

> Ick scher my'n Hamer um be Stadt,
> Dar sull'ck in kuckuluhren?
> 'Tis wahr, dar sünd de Lüde glatt,
> Un fiener as de Buhren.
> Man sünd see glücklicher darby,
> Un ät see satter sick as wy?
>
> Womit tracteert se ehre Gäst?
> Ut ehre lütjen Pütjens?
> Un wat gevt see jem vär dat Meßt?
> 'Tsünd ibel Snibbelbitjens,
> De glyd twars good tom Hals henbähr,
> Man't gift jem keen Gedeen noch Knär.
>
> Y, weg! wy wet sär unse Gäst
> Vehl beter to to laaken,
> Wy hoolt et mib de Buhrenköst,
> De gift uns Maark in'n Knaaken,
> Denn Speck un Kees un Flesch un Broob,
> Smeckt schön un maakt de Backen roob.
>
> Ick scher my'n Hamer um be Stadt,
> Ick bün un blyv een Buer,
> Hier spreck wy wy't uns is um't Hart,
> Wy Lüde sünd vehl truer
> Als Städer-Gären in't Geheel —
> Ick swieg — man glövt, ick benk mien deel.
>
> Nicks kann man van de gooden Lüb
> As Cumplimenten lehren,
> Van sulken Saaken hev'ck de Brüb,
> Grab to, so hev ick't geeren,
> Grab to, bat is bat allerbest,
> Un so sünd unse Ohlen west.

Wy Buhren blievt so as wy sünd,
De Börgers sünd van Flandern,
Hüt hoolt see et mid büssen Fründ,
Un Morgen mid den andern,
My sünd de gooben Lüd to platt,
Id scher my'n Hamer um de Stadt.

An dieses Lustspiel schlossen sich wieder zwei kleine Gespräche über Sprichwörter an: „Wissenschaft geht über Reichthum" und „Die Güte des Herzens geht über Klugheit." In dem neunten Spiele „Die glückliche Mutter" wird die Freude der Mutter über gehorsame, tugendhafte Kinder dargestellt; dann folgen als zehntes und letztes Gespräch: „Wenn man sich der Wohlthat rühmte, ist sie keine Tugend mehr" und „Der Geduldige siegt." Den völligen Beschluß machte ein dankender Epilog, gesprochen von Demoiselle Margaretha Justina Bolz. In der achtseitigen „Anzeige der Redübungen" in Duodezformat waren die Gespräche, Rollen und Darsteller bezeichnet, wie auch der Text der Arien und der Pro- und Epilog abgedruckt. Sämtliche Gesprächsspiele erschienen in demselben Jahre, teils einzeln, teils mehrere verbunden, in Hamburg, bei Reuß, gedruckt.

Der letzte Vertreter und Veranstalter der Schuldarstellungen an der Johannisschule war Johann Martin Müller aus Wernigerode, welcher im Jahre 1773 der Nachfolger des Braunschweiger Müllers wurde und schon vorher seit vielen Jahren als Konrektor an dieser Schule thätig gewesen war. Er pflegte die öffentlichen Redeübungen in ähnlicher Weise wie sein Vorgänger, mit Instrumental- und Vokalmusik, zur großen Freude der Schüler und mit allgemeinem Beifall des Publikums. Als Neuerung ließ J. M. Müller auf der Bühne ein Paar Seitenschirme, als Kulissen, anbringen und die zahlreicheren Heldinnen seiner Stücke in weiblicher Kleidung darstellen; doch erschienen auch hier die römischen Frauen im modernen Gewande, so wie sich die Schüler dasselbe von Schwestern und Nichten ausgeborgt hatten. Auch J. M. Müller bediente sich der komischen Figuren und der plattdeutschen Sprache. In einem historischen Gesprächsspiele erschien ein römischer Krämer, im Schlafrocke und mit der Kontormütze, der sich wie ein niedersächsischer „Plummenstöber" (Obsthändler) benahm und die römischen Helden, welche sich den Spaß gemacht hatten ihm die Fenster einzuwerfen, mit den derbsten plattdeutschen Schimpfworten belegte. Diese Szene erregte ein schallendes Gelächter und wurde auf das lebhafteste applaudiert. Die Müllerschen Gesprächsspiele wurden ebenfalls in den Zeitungen, namentlich in den damals erscheinenden gemeinnützigen Anzeigen, besprochen.

Besonderen Anklang fand im Jahre 1776 die dramatische Redeübung von dem Dictator Julius Caesar, welche vom 12. bis 15. März aufgeführt wurde. Die Arien hatte der Kantor Bach komponiert; der Text derselben wurde am Eingang, auf einem halben Bogen im Quartformat, verteilt. Der Müllersche „Caesar" hatte fünf Handlungen und schloß mit der einschmeichelnden Rede des Antonius und dem Beginn des Aufstandes gegen die Verschworenen. Das Shakespearesche Stück wurde in Hamburg erst mehrere Jahre später auf die Bühne gebracht. Auch die Redeübung von dem Tode des Seneca, in fünf Handlungen, vom 3. bis 6. Februar 1778, zur zweihundert und fünfzigjährigen Stiftungsfeier des Johanneums, dargestellt, wurde beifällig aufgenommen. Die Anwesenheit des kaiserlichen Gesandten, Baron von Binder, erhöhte die Feststimmung und bot den Schülern Gelegenheit zu einigen patriotischen Kundgebungen für den Kaiser Joseph. Der poetisch begabte Johann Klefeker spielte bei den ersten Vorstellungen die Titelrolle „fast zur Bewunderung schön". Nach diesen beiden Gesprächsspielen veröffentlichte Müller im folgenden Jahre: „Reden einiger Jünglinge bei den beiden letzten Redeübungen im Hamburgischen Johanneum gehalten und auf Verlangen herausgegeben." Im Februar 1779 wurde Senecas Tod wiederholt und im Jahre 1781, vom 13. bis 16. Februar, veranstaltete Müller seine letzte Schulbarstellung mit einer Repetition des Julius Caesar. Im Dezember dieses Jahres starb Müller und mit ihm wurden die dramatischen Gesprächsspiele am Johanneum für immer begraben.

Freilich wurden bei festlichen Gelegenheiten auch noch in der folgenden Zeit, bis zur Gegenwart hin, von den hiesigen Schülern dramatische Aufführungen, besonders klassischer Schauspiele, veranstaltet; doch diese vereinzelten Darstellungen haben weder die pädagogische, noch die theatergeschichtliche Bedeutung der ehemaligen dramatischen Gesprächsspiele, welche ihre eigne Litteratur und ein eigentümliches Wesen ausgebildet hatten. Selbst nach dem Erscheinen der Berufsschauspieler und der Gründung der stehenden Schaubühne waren die Schulbarstellungen noch von Einfluß; boten doch die Redeübungen den dramatischen Talenten in den Schulen eine künstlerische Anregung und Ausbildung, wie sie heute daselbst nicht mehr zu finden ist. Für die poetischen Talente war die Ausarbeitung des Stoffes eine willkommene Vorübung und den schauspielerischen Talenten gab die Darstellung die erste Anleitung zu einem methodischen Unterrichte im öffentlichen Vortrag und in der feinen gesellschaftlichen Bewegung.

Jahrhunderte hindurch haben die dramatischen Gesprächsspiele sich erhalten[1], sind sie in Hamburg und aller Orten liebvoll

---

[1] Noch im vorigen Jahrhundert wurde, von Lindner, in den Berliner Litteraturbriefen vom Jahre 1762 (Ueber Schulhandlungen), der Versuch gemacht, die Schulbarstellungen zu einer eignen Gattung des Dramas zu erheben und in neuerer Zeit ist Rektor Grauert in Meppen (Jahresbericht über das Gymnasium in Meppen 1870) für die Wiedereinführung der Schulspiele eingetreten.

gepfleget worden, ist ihnen von ausgezeichneten Männern, Schulmännern wie Dichtern, eine hohe Bedeutung beigelegt worden. Sicherlich verdient eine so hervorragende und anhaltende Erscheinung in der Geschichte des Unterrichts wie des Schauspieles eine eingehendere Betrachtung, welche in bezug auf unser Hamburg noch mancherlei Beziehungen der Schulbühne zum Theater erkennen lassen wird.

Druck von J. F. Richter, Hamburg.

In demselben Verlage erschienen:

Briefe
von Anna Maria von Hagedorn
an ihren jüngeren Sohn
Christian Ludwig
1731—32.
Herausgegeben von
Dr. Berthold Litzmann,
Dozent an der Universität Jena.
gr. 8. 1885. M. 2.50.

Christian Ludwig Liscow
in seiner litterarischen Laufbahn.
Von
Berthold Litzmann.
gr. 8. 1883. M. 4.50.

Aus Hamburgs Vergangenheit.
Kulturhistorische Bilder aus verschiedenen Jahrhunderten.
Herausgegeben von
Karl Koppmann.
Mit Abbildungen. gr. 8. 1885. Broschiert M. 6.—.
Gebunden in Halbfranz M. 7.50.

Niederdeutsches Liederbuch.
Alte und neue plattdeutsche Lieder und Reime mit Singweisen.
Herausgegeben von
Mitgliedern des Vereins für Niederdeutsche Sprachforschung.
8. 1884. Halbleinwandband M. 1.50.

Hamburger Handel und Handelspolitik
im 16. Jahrhundert.
Von
Richard Ehrenberg.
gr. 8. 1885. M. 2.—.